早稲田アカデミー 中学受験を決めたその日から

サクセス12

CONTENTS

今月号の表紙

写真◉アフロ

集中豪雨から渋谷を守る、

「渋谷駅東口雨水貯留施設」

［下水道］と聞くと、多くの人はキッチンやトイレ、お風呂場で使ったあとの汚水を思い浮かべるかもしれません。しかし実際には、下水道管には汚水だけでなく、雨水も流れてきて、その雨水を川や海に排除する役割も担っています。

今回は、近年、増えつつある「数十年に一度の大雨（集中豪雨）」などに備えて新たに設けられた『渋谷駅東口雨水貯留施設』を例に、東京都下水道局の重野達史さんに浸水から街を守る［下水道］について教えてもらいました。

［下水道］が浸水から街を守っている!?

雨が降ったとき、車道と歩道の間にある写真のような場所に雨水が流れ込んでいるところを見たことはありませんか?

コンクリートやアスファルトのうえに降った雨水は、雨が降り続ける限りなくなることはありません。そんな雨水を道路上から取り除くために設けられているのが、国や都、区が管理する写真の「雨水ます」です。「雨水ます」に入った雨水は、地下に網の目のように張り巡らせた下水道管に流れ込み、水再生センターで処理されますが、集中豪雨時には、一部の雨水が川や海へ排除されます。つまり、［下水道］が私たちの住む街を浸水から守ってくれているのです。

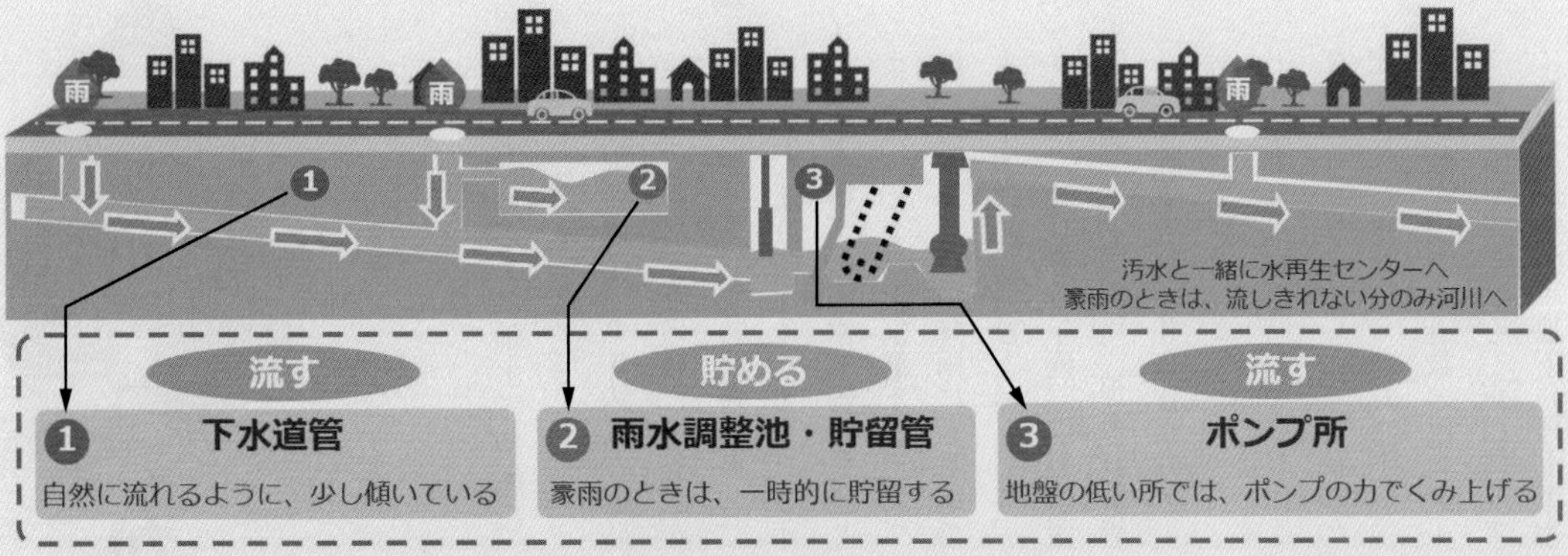

「集中豪雨」でも浸水を起こさせない！

さらなる安全を確保する雨水貯留施設

上の図は、雨水を下水道管に集め、排除する様子を表したものです。

もしも、雨水の量がそれほど多くなければ、①の「下水道管」と③の「ポンプ所」があれば、道路上から雨水はなくなるはずです。しかし、近年の「集中豪雨」などのように大量の雨が短時間に降ると、下水道管だけでは雨水を排除できず、本来であれば集水するはずの「雨水ます」から水が溢れ出し、道路上や宅地などへの浸水を引き起こす可能性があります。

そのような浸水を発生させないために設けられているのが②の「雨水調整池・貯留管」などの雨水貯留施設です。雨水貯留施設は、一時的に雨水をためて下水道管や川への雨水流出量を抑制するためのもので、東京都23区内には57か所あり、令和3年度末時点では、その総貯留量は約60万立方メートル（25メートルプール約2000杯分）にもなります。

渋谷の街も雨水貯留施設に守られています！

東京都では、これまで区部全域において、時間50ミリメートル（以下ミリ）の降雨に対応できるよう、雨水貯留施設などの施設整備を進めてきました。そのうえで、近年では、特に浸水被害の影響が大きい大規模地下街がある地域や過去に甚大な浸水被害が発生したことがある地区については、時間75ミリの雨が降っても対応できるよう、さらにレベルアップした施設整備を行っています。

そのひとつが、2020年8月31日、渋谷駅東口地下に完成した『渋谷駅東口雨水貯留施設』です。

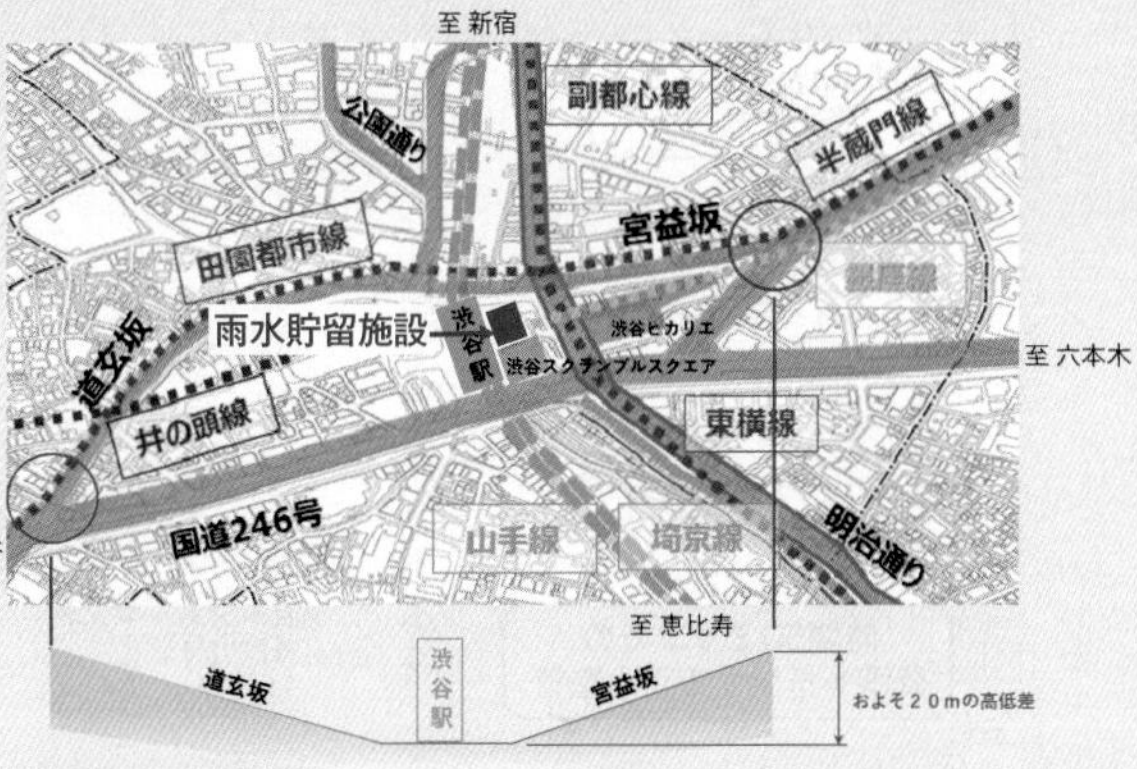

渋谷駅東口雨水貯留施設位置図

この施設の設置により、谷地形の底に位置する渋谷駅東口周辺の地下街を、集中豪雨などによる浸水から守ることができます。

渋谷駅東口側　断面図

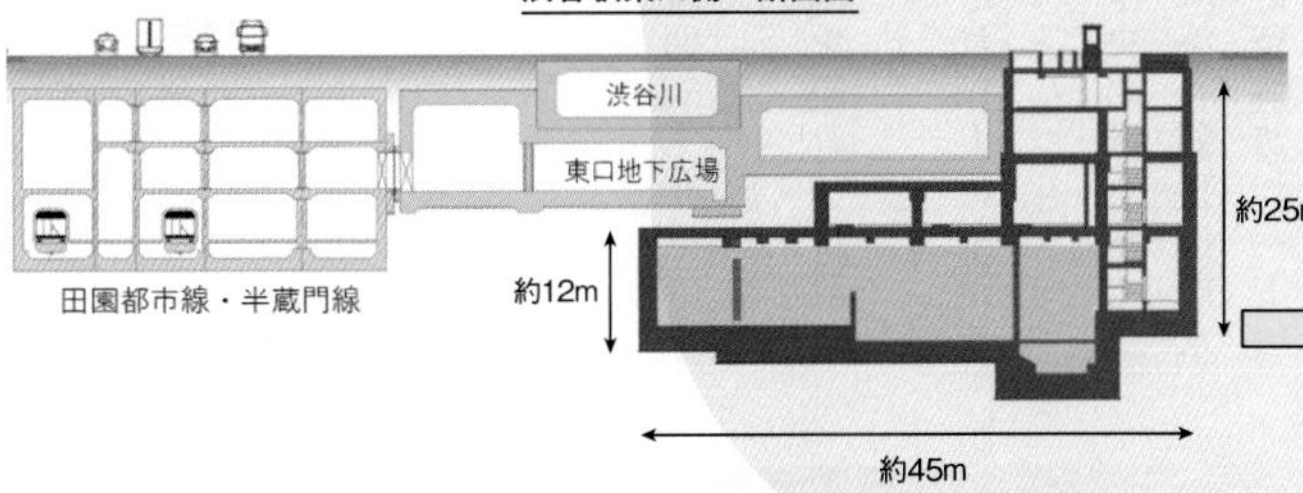

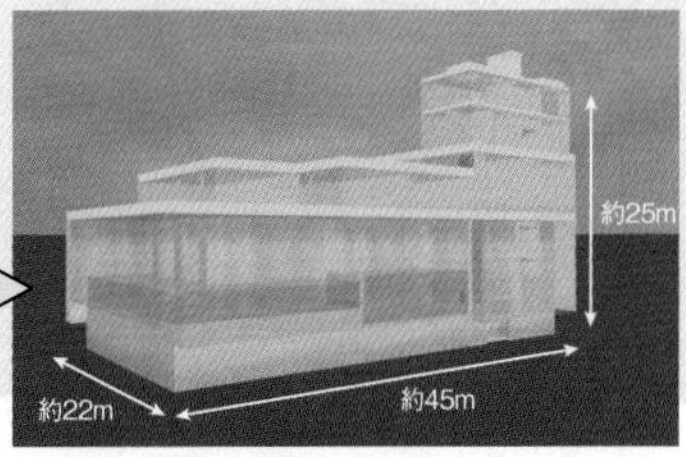

渋谷駅東口雨水貯留施設イメージ

渋谷駅東口雨水貯留施設

『渋谷駅東口雨水貯留施設』は、渋谷駅東口広場の地下約25メートルにあり、大きさは南北約45メートル、東西約22メートルにわたり、総貯留量は約4000立方メートル（25メートルプール約13杯分に相当）です。時間50ミリを超える大雨が降った場合、ここに一時的に雨水をため、その後、天候の回復時に、ポンプで揚水し、下水道管に排水します。

なお、『渋谷駅東口雨水貯留施設』へ雨水が流れ込む際、その勢いで施設底部を劣化させないよう、ドロップシャフト（らせん状の水路）を通じて施設内に落水させるような工夫も盛り込まれています。

ドロップシャフト内の状況

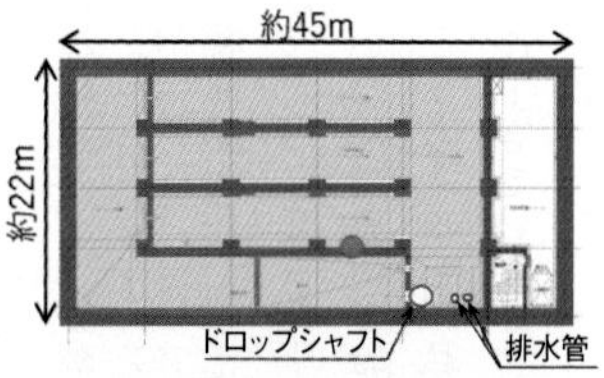

渋谷駅東口雨水貯留施設平面図

かけがえのない命と生活を守る

――『渋谷駅東口雨水貯留施設』が誕生したきっかけは？

渋谷駅周辺は、すり鉢状の地形になっていて、その底に渋谷駅があります。そのため、降水時には雨水がたまりやすく、１９９９年には地下街への浸水被害が発生しました。そこで東京都下水道局では、時間75ミリの降雨にも対応できる下水道施設のひとつとして、まずは、２００６年度、渋谷駅西口エリアの地下に「神南貯留管（最大貯留量約４０００立方メートル）」を整備しました。

本来であれば、時期を同じくして東口エリアにおいても、同様の施設をつくりたかったのですが、渋谷駅は全国でも有数の巨大ターミナル駅で、しかも、東口エリアにはビルが集中。地下には上下水道管やガス管はもちろんのこと、地下鉄、地下河川、共同溝、さらには地下街など、無数の地下構造物がひろがっていたため、新たに大規模な下水道施設を整備することは難しい状況でした。

しかし、そんなときにスタートしたのが、〝１００年に一度〟と呼ばれる渋谷駅中心地区の再開発です。その一環として、渋谷駅東口に新たに地下広場が整備されることになったため、この機会に雨水貯留施設も整備できないだろうか……。これが『渋谷駅東口雨水貯留施設』の誕生のきっかけです。

その後、開発事業者である東急株式会社などと連携し、２０１１年2月、工事に着工。約10年の歳月を経て、２０２０年8月31日、渋谷駅東口地下に時間50ミリを超える大雨が降った場合に稼働する『渋谷駅東口雨水貯留施設』が誕生しました。

ちなみに、雨水調整池や貯留管を整備し、浸水対策を行うことは、全国の主に都市部で取り組みがありますが、『渋谷駅東口雨水貯留施設』のように、土地区画整理事業により整備されたものを行政（下水道管理者）が引き継いで管理する取り組みは珍しい事例です。

――1時間50ミリを超えた場合にどうやって稼働させるのですか？

どんなに雨雲を観測したとしても、時間50ミリを超える雨が降るかどうかを正確に予想することは不可能です。また、集中豪雨が降ったからといって瞬時に装置を稼働させるのもなかなか難しいことです。そこでいつどこで降るかわからない豪雨に対応できるようにと考えたのが、図のような雨水を雨水貯留施設に流すための分水人孔です。

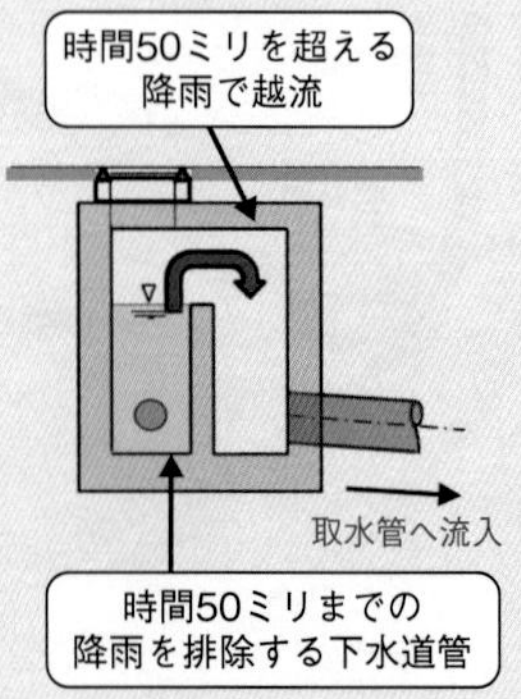

分水人孔内を通過する雨水は、時間50ミリ以下であれば、下水道管内を流れ、排除されます。しかし、それ以上に雨が流れ込んだときは、中央の壁を越えて『渋谷駅東口雨水貯留施設』へとつながる取水管がある側に流れ込む――。意外に簡単な仕組みなんですよ。

――２０２０年8月から現在までの2年間で、何回ほど稼働しているのですか？

『渋谷駅東口雨水貯留施設』は無人施設で、貯留量をはかる計測器などを用いて、遠隔で監視・操作できる装置で管理しています。なお、これまでに少量の水がたまったことはありますが、本格的に稼働したことは現時点では一度もありません。その理由としては、施設が完成した２０２０年8月末以降、この地域で時間50ミリ以上の降雨が観測されていないからです。

『渋谷駅東口雨水貯留施設』が稼働していないと聞くと、「せっかくつくったのにもったいない」と思われる方もいるかもしれません。しかし、私たちの目的は「たとえ時間50ミリを超える激しい雨が降ったとしても地下街を浸水させないために備えておくこと」です。そう考えると、私たちの目的は達成できていると言えるのではないでしょうか。

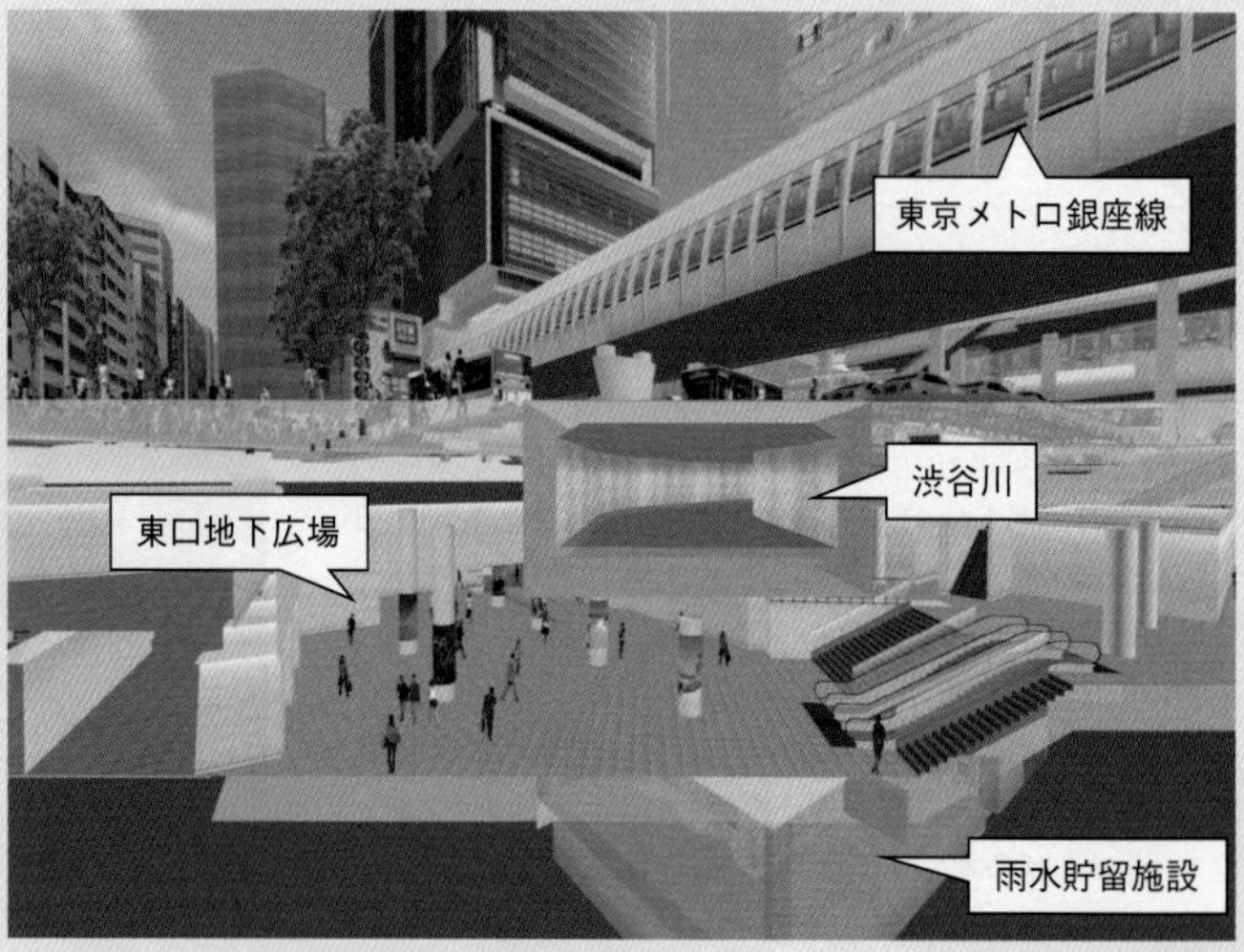

画像提供：渋谷駅街区土地区画整理事業共同施行者

——今後の課題や目標についてお聞かせください

近年は雨の降り方が強くなってきていることから、これまで以上に浸水の危険性は増していると考えています。だからこそ、私たち下水道局では、集中豪雨から東京都を守るため、くぼ地や坂の下などのように雨水が集まりやすく、浸水の危険性が高い場所については、〝浸水ゼロ〟を目標に、これまで以上に浸水対策に力を注いでいく予定です。そのためにも、今後も民間事業者などの開発の機会を早期に捉え、連携することにより、『渋谷駅東口雨水貯留施設』のような形での施設づくりも進めていきたいと考えています。

——計画調整部開発計画推進担当がかかわっているそのほかのプロジェクトをご紹介ください

下水道施設にかかわる開発行為などに関する調整全般を担当しています。

今年3月末に竣工した銭瓶町（ぜにがめちょう）ビルディング（銭瓶町ポンプ所）もその一例です。現在、東京駅日本橋口前に位置する常盤橋（TOKYO TORCH）街区では、民間事業者による新しい街づくりが進められています。この街区には、大手町や丸の内などの汚水を水再生センターに送水する銭瓶町ポンプ所があります。しかし、前代のポンプ所は稼働からすでに約50年が経過し、老朽化が問題に……。そこで、私たちは新しい街づくりに地権者として参画することで、ポンプ所と下水道事務所を街区内の隣接地に再構築することを、平成24年度に決断。東京都の負担を最小化する街づくりと連携した事業スキームを構築しました。その結果として、銭瓶町ビルディング（銭瓶町ポンプ所）が誕生しました。これにより、将来にわたって安定的な下水道機能を確保することができたのはもちろんのこと、街区にはTorch Towerという日本一高いビル（約390メートル・令和9年度完成予定）の建設が可能となり、街づくりや賑わいの創出にも貢献することができました。そのほか、首都高速道路の地下化工事や地下鉄の延伸計画なども下水道管の移設などを伴うため、私たちが窓口となり、事業の計画段階から事業者と協議調整を重ねているんですよ。

——どんなときにやりがいを感じますか？

全国初の取り組みや事業開始から完了までに長期間を要するプロジェクトが多く、さらには、利害関係者が多数存在することから、目標は一緒でも事業スケジュールの調整などに時間を要する場合もあります。そのため、ひとつのプロジェクトをひとりの担当者が最初から最後までやり遂げることは難しいのですが、担当者はスピード感を持って協議や調整を重ね、目標の早期達成に向けて精いっぱい取り組んでいます。だからこそ、調整してきた施設や構造物が形となったときは、本当にうれしく、やりがいを感じることができます。

——最後に子どもたちへのメッセージをお願いします

私たち東京都庁の仕事は、約1400万人の都民の命と暮らしを守ることです。その分野は多岐にわたり、環境、保健医療、財政・税務、都市づくりなど28の局で構成されています。つまり、理系、文系にかかわらず、多様な事業に携わるチャンスと大きく成長できるフィールドがある——。それが東京都庁です。

しかし、なかなか私たち東京都庁のことについて知ってもらえる機会が少ないのも事実です。ぜひ、今回、『渋谷駅東口雨水貯留施設』の存在を知ったことを機に、行政の仕事にも興味、関心を持ってもらえたらと思っています。

そして、国の省庁や地方行政はもちろんのこと、世界に向けてアンテナを広げ、さまざまな施策がどのような形で産学官民の連携で具現化されるのか、自分自身で確かめてください。これからの東京、日本を切り拓き成長させる主役はみなさんです。そのことを忘れずに、明るく豊かな未来づくりの一翼を担っていただきたいと思います。

銭瓶町ビルディング

銭瓶町ビルディング
（銭瓶町ポンプ所）

常盤橋街区完成イメージ
（画像提供：三菱地所）

重野 達史さん

東京都 下水道局 計画調整部
開発計画推進担当課長

1989年4月、東京都庁採用。下水道局配属後は、港湾局、総務局、中央卸売市場に従事。主に施設設計や施工管理、開発行為等に関する調整などを担当。南部下水道事務所お客さまサービス課長、下水道局第一基幹施設再構築事務所工事第一課長、（公社）日本下水道協会技術研究部技術指針課長、第二基幹施設再構築事務所設計課長を経て、2022年4月から現職。

重野さんにとって
「仕事」とは

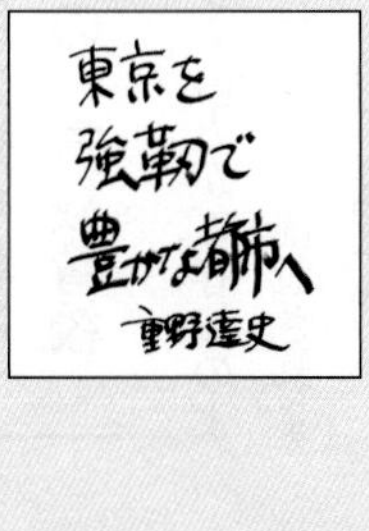

渋谷駅東口
雨水貯留施設内部

Premium School

慶應義塾中等部

けいおう ぎじゅく

◆東京都　◆港区　◆共学校

多くのことに取り組みながら 教養と多彩な力を身につける

生徒1人ひとりが責任を持って行動する「自由」を楽しめる慶應義塾中等部。教養を深められる授業や多くの国際交流プログラムなど、魅力的な教育を実施しています。

自由な校風で知られる慶應義塾の一貫教育校

慶應義塾は多くの方がご存知のように、福澤諭吉によって創設されました。1858年のことです。

今回ご紹介する慶應義塾中等部（以下、慶應中等部）は、慶應義塾の一貫教育校の1つ。慶應義塾の各校は大学に附属するという形をとらず、教育の連携を図りつつも、それぞれが独立した存在であることから、附属校ではなく一貫教育校と呼ばれています。

慶應義塾の理念は「独立自尊」です。「自他の尊厳を守り、何事も自分の判断・責任のもとに行うこと」を意味し、すべての一貫教育校において教育の根幹とされています。そして「気品の泉源」と「智徳の模範」が大事にされ、「全社会の先導者」になるための教育が実践されています。

慶應中等部の開校は1947年。福澤諭吉が重要性を説いていた男女平等の教育を行う共学校としてスタートし、現在にいたります。基本理念には「自ら考え　自ら判断し　自ら行動して　その結果に責任を持てる　自立した個人を育む」と掲げられています。自由な校風で知られ

校舎は慶應義塾大学・三田キャンパスのすぐそばにあります。校舎正面に立つ２体のユニコーン像に見守られながら３年間を過ごし、卒業していきます。

Keio Chutobu

る学校であり、授業、校友会（部活動）、行事の３つを教育の柱としています。

多様な形式の授業を実施 表現力を育む取り組みも

では、実際にどのような教育が行われているのでしょうか。

例えば、英語の授業の特徴は、どの学年でも週に2時間、ティームティーチングが実施されていることです。ネイティブスピーカーの教員から生きた英語を学べるとともに、日本人教員による丁寧なサポートがなされるので、疑問を残すことなく確実に英語力を伸ばしていくことができます。

また、中1の習字、中1、中2の国語、中2、中3の数学と技術・家庭では、1クラスを2分割する少人数授業も取り入れられています。このことから1人ひとりと丁寧に向きあう指導が可能になっています。

さらに、２０２１年度入学生からは、1人1台のタブレット端末が導入されており、ICTを活用した新たな学びも始まっています。

なお、どの教科でも重視されているのは、「表現すること」です。一例として国語で実施されている「読書感想文」があります。

慶應中等部の教員が生徒に読んでほしいと考える、日本文学や海外の古典文学がまとめられた『読書のすすめ』という冊子が配られ、そのなかから自身で興味・関心のある作品を選び読み進めていきます。読んだあとは『Reading Memo』と名づけられた冊子に感想文を書き、教員に提出します。

3年間こうした活動を続けることで、書く力や表現力は確実に伸び、その力は高校や大学でも大いに役立ちます。

ユニークな講座が充実 独自の「選択授業」

慶應中等部の魅力ある取り組みの1つとして、中3で用意されている週2時間の「選択授業」があげられます。基本的に教員が指導しますが、ときには外部から専門家を招くこともあります。専門性の高い講座が、例年約20ほど開かれます。

一例をあげると、落語に造詣が深い教員は「落語を楽しもう」という講座を担当。落語についての基礎知識を身につけ、また実際に落語を披露することを目的に、話す力を磨くものです。

「ミツバチの世界へ、ようこそ！」は、ミツバチの研究者の指導を受け

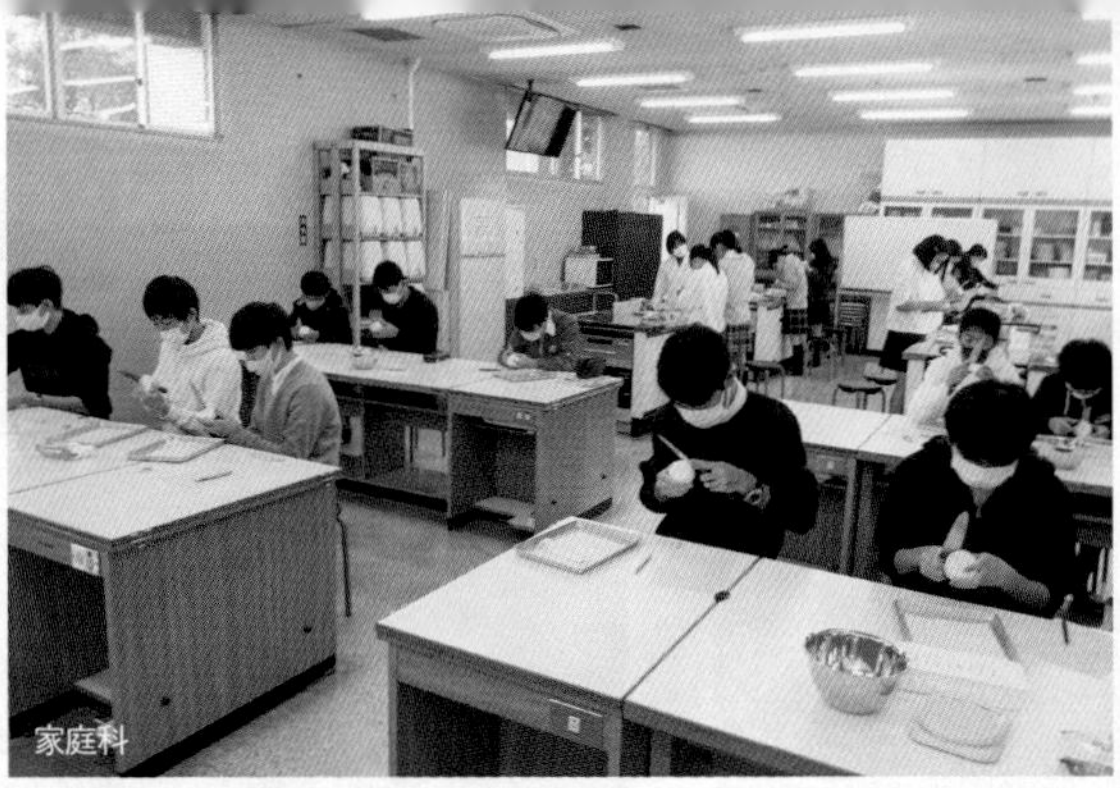

高校や大学で学ぶための土台となる力を養う授業。主要教科だけでなく、どの教科にも真面目に取り組むのが慶應中等部生の特徴です。

校友会（部活動）も盛んな学校です。生徒１人ひとりが、仲間とともに自分の好きなことに打ち込み、それぞれの個性を発揮しています。

Keio Chutobu

ながら、校内で実際にミツバチを飼育して蜜を収穫したり、日本のミツバチと、海外のミツバチの生態の違いを学んだりしています。

ほかにも「作家入門～創作を楽しむ～」「いのちの法律学」「マネーの『IQ』を学び、感動を『設計』する」「SDGsのすゝめ」「スペイン語入門」「造形ワークショップ」「理科演習」など、ユニークなものがそろっています。

選択授業は教養を深められるとともに、クラスに関係なく個々に好きな講座を選択できるため、他クラスの仲間との交流が生まれる場でもあります。

学校生活を彩る校友会や学校行事

さて、冒頭でお伝えしたように、慶應中等部では、校友会（部活動）や行事も大切にされています。

現在は、17の運動部と21の学芸部が活動しています。運動部、学芸部にかかわらず、どの部も活動は週3日以内が原則です。強制ではありませんが、兼部をする生徒もいるほど、多くの生徒が積極的に参加しています。

行事は、校友会各部の活動を紹介する「新入生歓迎会」（4月）から始まり、遠足や慶早戦応援、林間学校、運動会、展覧会など、様々なものがあります。

なかでも中3が自分たちで作詞、作曲した歌と演奏を披露する音楽会、九州を訪れ創立者・福澤諭吉のゆかりの地をめぐる卒業旅行は、慶應中等部ならではのものといえるでしょう。

また、多彩な国際交流プログラムが用意されているのも魅力です。

「夏期ハワイ研修プログラム」は、中3を対象としており、例年約10人が参加します。コロナ禍以前は、現地の生徒1人と慶應中等部の生徒1人が同室に寝泊まりしていたそうで、一日中生きた英語、文化に触れられる貴重な経験ができたといいます。

ほかにも、「春期英国研修プログラム」や「夏期英国研修プログラム」、「イギリス・ホカリル校生徒受け入れプログラム」、さらには慶應義塾が一貫教育校生向けに実施する留学プログラムもあり、世界に目を向けるきっかけが豊富に用意されています。

社会で活躍する卒業生との交流

慶應義塾の一貫教育校として、「全

社会の先導者」となる人材を育成する慶應中等部。一定の基準を満たすことで、慶應義塾内の各高校に進学することが可能です。

男子は、慶應義塾高等学校、慶應義塾志木高等学校、慶應義塾ニューヨーク学院高等部のいずれか、女子は、慶應義塾女子高等学校、慶應義塾ニューヨーク学院高等部のどちらかを選ぶ形です。

進路指導プログラムとしては、卒業生から話を聞く「キャリア講座」が実施されています。毎年10人ほどが講師として招かれており、生徒は関心のある講座を2つ受講することができます。

なお2022年度は、創立75周年を記念し、慶應義塾大学と一貫教育校出身のアナウンサーやテニス選手、ジャーナリストなどによるパネルディスカッションも開催されました。

「独立自尊」の精神を持って各分野で活躍する卒業生の姿を見ることで、生徒には慶應義塾の一貫教育校生であるという自覚が改めて生まれます。そして、そのことにより先輩たちと同じように社会で活躍する人材になろうとさらに力を高めていくのでしょう。

自由な校風のなか、慶應中等部だからこその教育によって、多様な力を伸ばす3年間を過ごすことができます。

イギリス・ホカリル校生徒受け入れプログラム

運動会

慶早戦応援

音楽会

林間学校

音楽会をはじめとして、多彩な行事が用意されているのも魅力の１つです。寝食をともにする林間学校では、仲間とのきずなを深められます。

interview

『部長先生インタビュー』

自ら判断、行動できる 自由な3年間を楽しんでほしい

慶應義塾中等部　井上（いのうえ） 逸兵（いっぺい） 部長先生

井上 逸兵　部長先生

責任を持って学校生活を送る

【Q】慶應中等部は、自由な校風で知られています。自由だからこそ生徒さんに気をつけてほしいことはありますか。

【井上先生】 自由といってもなにをしてもいいわけではありません。自由には責任が伴います。学校生活のあらゆる場面で、生徒1人ひとりがその場に適したふさわしい行動や姿勢を考えなければならないということです。

そしてもちろんすべてを生徒任せにしているわけではありません。教員が生徒と丁寧に向きあい、時間をかけてコミュニケーションを取るようにしているのも、特徴だと感じています。

例えば慶應中等部には、式典などの際に着用する基準服がありますが、普段は自由な服装で通学することができます。しかし、どんな服装をしてもかまわないということではありません。ときには、教員が服装について注意する場面も見られます。その場合も、頭ごなしに否定するのではなく、その服装は勉強するのにふさわしいものなのか、と問いかけて生徒自身に考えさせるといった形を取っています。

【Q】すぐそばに慶應義塾大学・三田キャンパスがあります。施設を使用することはできますか。

【井上先生】 生徒だけで大学構内には入れませんが、式典は大学ホールで行われます。ときには、美術の授業で、三田キャンパスにある重要文化財の旧図書館を写生しにいくこともあります。昨年開館した慶應義塾ミュージアム・コモンズには、大小色々なサイズの部屋があり、書道部など校友会でワークショップに参加したり、展示の見学をしたりしています。

【Q】御校には、慶應義塾幼稚舎（小学校）から進学してくる生徒さんもおられますね。受験をして入学する生徒さんとは同じクラスになるのでしょうか。

【井上先生】 幼稚舎からの生徒と受験を経て入学した生徒は、中1から同じクラスで学びます。すでに友人関係ができている輪のなかに入ることを、不安に感じる方もいるかもしれません。しかし、幼稚舎からの生徒と面談をすると、どの生徒も新しい仲間が入ってくることが楽しみだと言っています。ですから、安心してください。

入学直後の4月には遠足を実施しています。普段の教室とは異なる雰囲気のなかで交流を深められるので、すぐに仲よくなれますよ。

充実感と満足感を持って卒業してほしい

【Q】教育の三本柱として、授業、校友会（部活動）、行事を掲げておられます。生徒さんにはどのような3年間を過ごしてほしいとお考えで

すか。

【井上先生】 高校や大学で学ぶための基本的な学力を身につけるために、生徒には主要教科に限らず、どの教科にも一生懸命に取り組むことが大切だと伝えています。すべての授業に真剣に臨むことで、これまで持っていなかった新たな興味が生まれるかもしれませんし、将来の可能性が広がるでしょう。

　また、授業だけでなく校友会（部活動）や行事にも打ち込むことで、学力に加え、周りの人と協力して物事にあたる姿勢や規律を守る大切さなど、様々なことを学べるはずです。

　生徒は1人ひとり異なる個性を持っていますから、それぞれが得意な分野で能力を発揮してほしいと思います。勉強でもスポーツでも文化的な活動でも、なんでもかまいません。「慶應中等部でこんなことができた」と達成感や満足感を持って卒業してくれたら嬉しいですね。

【Q】慶應中等部を志望する受験生に向けてお言葉をいただけますか。

【井上先生】 個性豊かな仲間と交流しながら、色々な力を伸ばしたいと考えるみなさんにぴったりの学校です。慶應中等部の特色である、自分で考え判断し行動できる自由を、ぜひ楽しんでください。

　成長できるチャンスが豊富にある環境を用意していますから、3年間で将来の土台となる力を身につけられるはずです。土台がしっかりしていれば、高校や大学、そしてその後の人生で経験することを自分のものにできるでしょうし、より深く味わえるのではないでしょうか。自由で楽しい校風のなか、「全社会の先導者」をめざすみなさんをお待ちしています。

夏期ハワイ研修プログラム

弓術部

Keio Chutobu

学校説明会 ※動画配信

11月5日、6日実施の説明会（9月末予約締切）の録画を、11月中旬よりHPにて配信

遠足

慶應義塾中等部

所在地：東京都港区三田2-17-10
アクセス：JR山手線ほか「田町駅」・都営三田線ほか「三田駅」「白金高輪駅」・地下鉄南北線「麻布十番駅」徒歩15分
生徒数：男子455名、女子288名
ＴＥＬ：03-5427-1677
ＵＲＬ：https://www.kgc.keio.ac.jp/
写真提供：慶應義塾中等部　※写真は過年度のものを含みます。

世の中のなぜ？を考える **社会のミカタ** 33

このコーナーでは日本全国の自治体が独自に制定している「条例」を取り上げて解説します。「この条例はなぜつくられたのか？」を、一緒に考えてみましょう！地域の特性や歴史的な背景を探ることで社会に対する見方を学ぶことができます。

早稲田アカデミー 教務企画顧問
田中としかね

東京大学文学部卒業、東京大学大学院人文科学研究科修士課程修了。
著書に『中学入試日本の歴史』『東大脳さんすうドリル』など多数。
文京区議会議員。第48代文京区議会議長、特別区議会議長会会長を歴任。

奈良県●桜井市

「そうめん条例」

奈良県といえば、通称「海なし県」として知られる「内陸県」（海岸線を持たない県）の一つです。日本国内には8つありますが、奈良県は他の7つの県と切り離されていますよね。本州の中央に並んでいる7つの県は、群馬県・埼玉県・栃木県・山梨県・長野県・岐阜県・滋賀県で、ひとかたまりになって接していますが、奈良県だけは日本最大である紀伊半島にポツンと存在しています。この「海なし県」には有名な覚え方がありますので、ご存じの生徒さんも多いと思いますが確認しておきましょう。「グサッとヤナギしなる」ですね。関東地方の群馬（グんま）・埼玉（サいたま）・栃木（トちぎ）、中部地方の山梨（ヤまなし）・長野（ナがの）・岐阜（ギふ）、近畿地方の滋賀（シが）・奈良（ナら）の順で覚えることができるという優れものです。ではここで問題です。「海なし県」が8つあるとすれば、「漁港がない県」も8つあると考えますよね。海に面している都道府県には必ず漁港がありますから。でも、「漁港なし県」は7つなのです。さてどういうことでしょうか？

正解は、「滋賀県には琵琶湖で営まれている漁業のための漁港が20もあるから」ということになります。琵琶湖の扱いは大変興味深く、漁業法における農林水産大臣の指定では「海面」に含まれることになります。また、河川法における国土交通大臣の指定では、一級「河川」ということにもなっているのです。ですから、湖とも海とも、また川ともいえる特別な存在というわけなのですよ。もう1つおまけの問題です。「海なし県」の8つには海がありませんので、当然「島もない」と考えたくなりますが、実は3つの県には島があります。これはどういうことでしょうか？　琵琶湖がヒントになりますよね。そう、「湖

に浮かぶ島」があるのです。長野県の野尻湖には琵琶島が、山梨県の河口湖には鵜の島が、滋賀県の琵琶湖には、沖島・竹生島・多景島がありますからね。

　さて、奈良県の桜井市です。桜井市は、奈良県内の多くの支川（実に157本！）を集めて大阪湾へと注いでいる大和川の上流に位置しています。大和川の源流が桜井市の笠置山地になります。古事記の中で「倭は国のまほろば」とうたわれた地域にあたり、桜井市にある三輪山周辺がその中心地だとされています。「まほろば」というのは「素晴らしいところ」という意味の古い日本の言葉です。JR西日本の桜井駅を通る路線は「万葉まほろば線」という名称が付けられていますからね。6世紀の末に推古天皇が飛鳥（奈良県明日香村）に皇居を移してから始まるのが、いわゆる「飛鳥時代」になりますが、それ以前（「古墳時代」）という区分がされることもあります）に古代国家の成立という歴史の舞台となっていたのが、この「やまと」なのです。「やまと」の大王を中心とする豪族たちの連合政権がかたちづくられていたと考えられていますよね。氏姓制度という仕組みになります。

　そんな奈良県の桜井市で制定されたのが「そうめん条例」なのです。2017年7月7日、七夕の日に施行されました。正式には「桜井市三輪素麺の普及の促進に関する条例」になります。そうめん発祥の地は「三輪そうめん」で知られている、ここ奈良県桜井市の三輪地方だといわれており、そこから兵庫県の「播州そうめん」、香川県の「小豆島そうめん」へと製法が伝わったとされているのです。3つの産地は現在「日本三大そうめん」と呼ばれています。この呼び名は2019年開成中学の社会の入試問題にも登場していて、そこから「小豆島」に結び付ける理解が求められましたよ。

　さて、条例にはこうあります。「三輪素麺は、現在から1200年余り前、飢饉に苦しむ民を救うため、保存食として小麦を挽いて棒状に練り乾燥させたものが時を経て……」とその発祥を語り、続いて「公卿（朝廷に仕える高官）の日記や女官たちの手記によると平安時代以降、宮中や貴族の間で、七夕に食する風習があったとされている」と、歴史的な背景についても説明されています。条例の文言のなかにここまで詳しく解説がなされるというのは珍しいことです。続けて「そのような中、三輪素麺は、本市の優れた地域資源として、桜井市地域ブランドに認定され、更に、他とは違い手延べによる細く白い優れた品質を保持し、国が地域特有のブランドとして保護する『地理的表示保護制度』の登録も受けたところである。このような古い歴史をもつ三輪素麺を積極的にPRし普及するために、三輪素麺を食する習慣を広め、伝統文化への理解の促進及び本市の地域経済の活性化を図るため、この条例を制定する」とあるのです。

「地理的表示保護制度」というのは、「特定農林水産物等の名称の保護に関する法律」（地理的表示法）に基づき、特定の産地と結び付きのある産品の名称（これを「地理的表示」といいます）を知的財産として保護することを目的としています。農林水産省が、生産業者の利益の増進と需要者の信頼を確保するために、進めているのです。産地偽装を防ぎ、模倣品を排除するためでもあります。「三輪素麺」の他にも「夕張メロン」や「越前がに」や「神戸ビーフ」などが登録されています。

　2018年には、桜井市で「全国そうめんサミット2018 in そうめん発祥の地三輪」が開催されています。実行委員会大会会長である松井正剛桜井市長は「日本の麺文化の歴史は1200年以上になる。豊かな自然風土に育まれ、全国に産地がある。それが一堂に会するサミットを開催できたことは意義深い」と語っていますよ。

今月のキーワード

地理的要素 ● 大和川　日本三大そうめん

歴史的要素 ● 古事記　氏姓制度

公民的要素 ● 農林水産省　知的財産

時事的要素 ● 地理的表示　産地偽装

それぞれの要素から、今月取り上げた条例に「逆算的」にたどり着けるか、考えてみよう！

スススムくん&ユメちゃんの

世の中まるごと見てみよう！

スススムくん
何でも知りたがる小学生の男の子

ユメちゃん
ふむふむ考える小学生の女の子

教えていただいたのは…

左／基本図情報部 管理課長補佐
小野里 正明さん

中／総務部広報広聴室 主任指導官
中島 最郎さん

右／応用地理部 地理調査課長
齋藤 俊信さん

地図はどうやってつくられているの？

この前、友だちのために学校から家までの地図を描いたんだけど、「わかりにくい」って言われちゃった…。

地図を正確に描くのって難しいよね。

そういえばぼくたちが使っている地図って、どうやってつくられているんだろう？

実際につくっている人たちに聞いてみよう！

国土地理院

日本の国土の基本となる地図の作成と、地図の基礎となる測量等を管理している国の機関です。

今回は、茨城県つくば市にある「国土地理院」の人たちに、地図がどのようにつくられているか聞いてみました！

ステップ1 空中写真を撮る

測量用の航空機を用いて、地図をつくりたい場所の空中写真を撮影します。あとで専用の装置を使って地上を立体的に見るために、隣り合う写真が60%ほど重なるようにして撮影し、同じものを異なる角度から写します。

1枚の写真から、1枚の地図ができるんじゃないんだね！

航空機の操縦や写真撮影は、あらかじめデータを入力して、自動で行われているんだって！

ステップ2 左ページへ

ステップ2 図化（ずか）

撮影した空中写真を立体的に見る装置を使って、建物などの正確な位置を把握（はあく）し、輪郭（りんかく）を図にしていきます。

立体的に見ると、どこからどこまでが建物なのか、わかりやすくなるんだ。

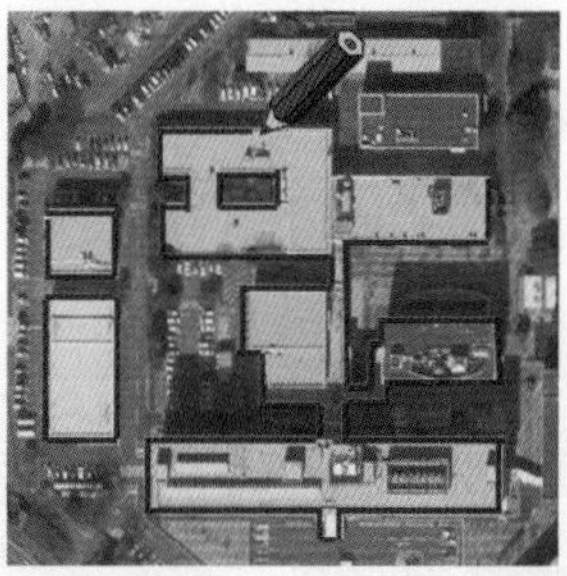

ステップ3 現地調査（げんちちょうさ）

空中写真ではわかりづらい樹木の下にある道路の様子や、土地がどのように使われているかなど、不明な点を実際に現地に行って確認します。

たしかに、写真だと畑なのか、田んぼなのか、草むらなのか見分けづらいかも…

地図記号を記すために、どのような土地や建物なのか直接目で確認することも必要だね！

ステップ4 編集（へんしゅう）

地名や都道府県の境界線などは、各地域の役所から情報をもらって照らし合わせているそうだよ。

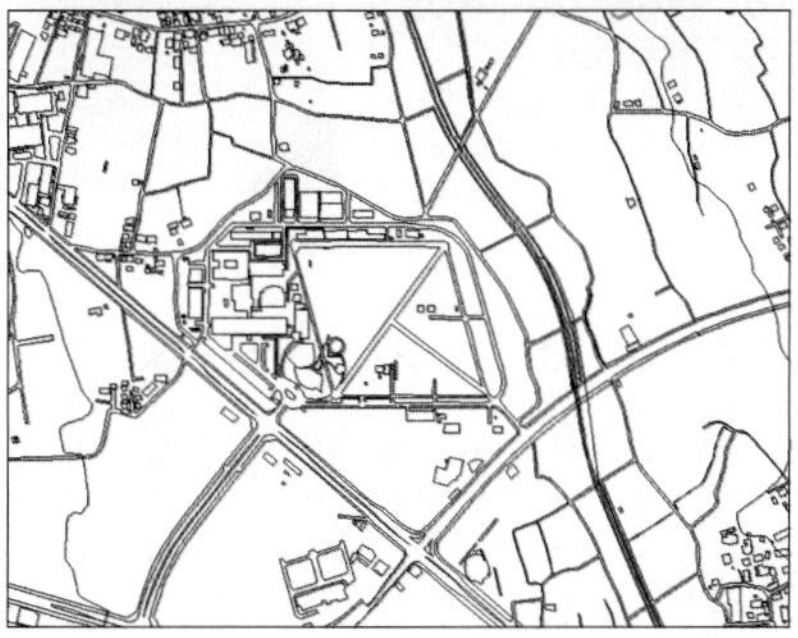

空中写真を図にしたデータに、現地調査などで明らかになった土地の利用状況や建物、道路、地名、地図記号などの情報を加え、わかりやすく、使いやすい地図にしていきます。

道路の太さは地図として見やすいように調節してくれているんだって！

こうしてできあがった地図や測量のデータは、日本という国の基本情報であるとともに、私たちが目にするさまざまな地図の元にもなっています。また、災害時に現地の被災状況をすばやく把握し、被害への対策や復興の計画を立てるためにも空中写真や地図は用いられます。さらに、防災マップの作成、人工衛星を用いた測位システム（GNSS※）を利用したカーナビやスマートフォンなどの経路検索、車の自動運転、新しい物流やスマート農業の実現など、私たちの生活を安全で豊かにするさまざまな技術にも、国土地理院の地図や測量のデータは活用されています。

※GNSSは、米国のGPSや日本の準天頂衛星（みちびき）などを利用した衛星測位システムの総称です。

ちなみに…

空中写真がない時代は、地図にしたい範囲を、人が歩いて測量していたそうです。とても多くの人手と時間がかかる一大事業でしたが、国の形をできるだけ正確にとらえようとする昔の人たちの熱意は、現代の地図づくりにも受け継がれています。

この関東地方の地図も、すべて歩いて測量しながらつくったんだって。すごいね！

伊能隊測量風景

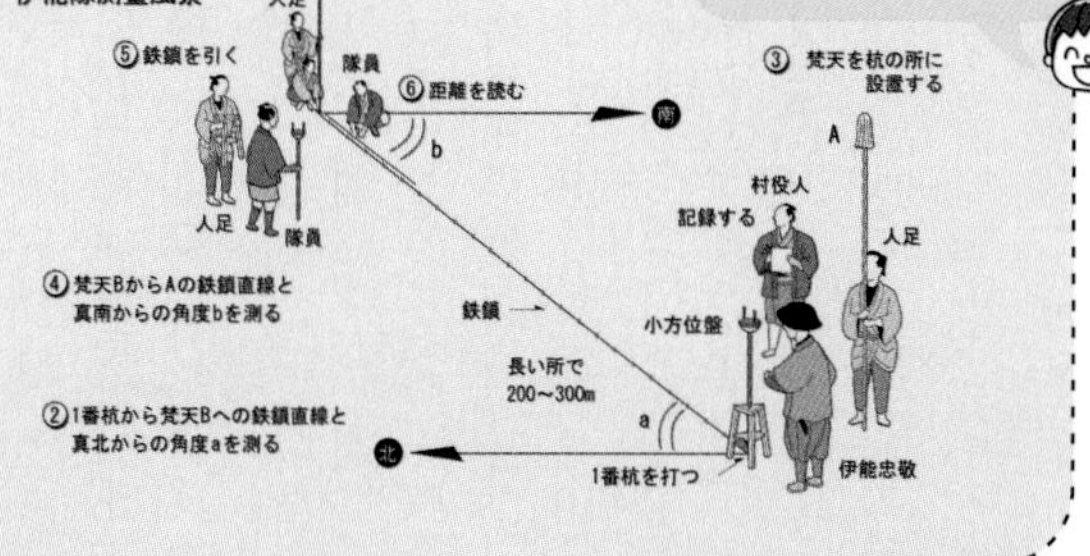

INFORMATION　国土交通省　国土地理院
〒305-0811 茨城県つくば市北郷1番
TEL. 029-864-1111(代表)
https://www.gsi.go.jp/top.html

お仕事見聞録

「働く」とは、どういうことだろう…。さまざまな分野で活躍している先輩方は、なぜその道を選んだのか？ 仕事へのこだわり、やりがい、そして、その先の夢について話してもらいました。きっとその中に、君たちの未来へのヒントが隠されているはずです。

エリアMD担当リーダー

株式会社日比谷花壇

鈴木　香菜さん

PROFILE
2013年3月、日本大学生物資源科学部森林資源科学科卒業。同年4月、株式会社日比谷花壇に入社、Hibiya-Kadan Style CIAL鶴見店に配属。以降、複数の店舗勤務を経て、2016年10月、Hibiya-Kadan Style渋谷ヒカリエ店店長に就任。2019年10月より本社勤務となり、ユニットグループ長やプロモーション推進室室長を歴任。2021年10月、リテール第2事業部ショップ第2ユニット エリアMD担当リーダーに就任し、現在に至る。

―日比谷花壇とは？

創業は1872年で、1950年に日比谷公園店を出店したのを機に、株式会社日比谷花壇を設立しました。現在は、全国に約190店舗を展開し、ウエディング装花、店舗およびオンラインショップでのフラワーギフトやカジュアルフラワーの販売、お葬式サービス、景観プロデュース、フラワーグラフィックサービスなどを行っています。

コーポレートメッセージ「すべての明日に、はなやぎを。」のもと、花や緑の販売、装飾にとどまらず、暮らしの明日を彩り、豊かなものへと変えていく提案をしています。

―日比谷花壇に就職しようと思ったきっかけは？

小学生のころから祖父母の畑作業を手伝ったり、山に山菜を取りに行ったり、父とリースづくりをしたりと、自然や植物とともに生活をしてきました。

高校生のときに樹木の病気を専門的に扱う樹木医の仕事に興味を持ち、また、ある論文を読んだのを機に、子どものころから慣れ親しんだ森や庭木などの知識をより深めたいと考えるようになりました。そして、その論文を書いた教授から学べればと、大学は日本大学生物資源科学部森林資源科学科に進学しました。

そんな私が、日比谷花壇に就職したいと思ったのは、日比谷花壇が〝花〟はもちろんのこと、植物、公園管理など、あらゆる視点から事業展開をしていることを会社説明会で聞いたからです。大学で学んだ森林や植物の生態などの知識に、日比谷花壇で得られる〝花〟を中心とした知識が加われば、自分自身がさらに成長できるように思えたのです。また、企業理念に共感したことも大きな決め手になりました。

―【エリアMD担当リーダー】の仕事について教えてください

現在、私は、都内百貨店や千葉エリアにある計8店舗のMD（マーチャンダイジング）、いわゆる商品企画を担当しています。

日比谷花壇の店舗では、季節の旬の花や緑を伝えることで購買意欲につなげたいと、1年を春、母の日、夏、秋、冬の5ブロックに分け、それぞれでプロモーション（販売戦略）を考えています。そして、秋であれば、例年9月は「中秋の名月」、10月になれば「ハロウィン」をテーマに商品展示を行っています。この5ブロックのプロモーションに合わせてテーマごとの商品展示や商品構成を店舗のお客さまの層やニーズを考慮しながら考えるのが【エリアMD担当リーダー】です。

そのほか、各プロモーションや市場データ、流行、店舗ごとの特性をもとにした生花の発注や、お客さまに日比谷花壇ブランドらしい〝花のある暮らし〟が提案できるよう、店長やスタッフを指導、育成するのも私たちの仕事です。

—日々の業務で心掛けていることを教えてください

ひとつは、「こだわりをもつこと」です。例えば、店舗の雰囲気や陳列する商品などについては、〝花〟を購入しようと来店される方はもちろんのこと、店舗の前を通られる方々にも旬や季節を感じていただけるよう、週替わりでレコメンドフラワー（お勧めの花）を変えたり、品揃えやバリエーションを意識しながら生花を取り揃えたりするなど、見せ方に工夫を凝らしています。また、これまであまり〝花〟に関わってこられなかった方に、〝花のある暮らし〟がイメージしていただきやすいよう、花瓶と花束をセットにして展示するなど、わかりやすい提案も心掛けています。

そして、もうひとつ心掛けているのが、一緒に働くスタッフの一人ひとりの良さを把握し、その良さを接客に生かせるように指導することです。提案力が優れているスタッフ、お客さまの思い出話を聞き出すのが上手なスタッフなど、個々の特性を十分に理解したうえでアドバイスや指導をするようにしています。ただし、展示や花束の制作などについては、スタッフ一人ひとりの感性を大切にしながらも、日比谷花壇ブランドとして一定以上のレベルが保てるよう、図や数字などを用いて具体的に指導するように心掛けています。そのために必要な指導マニュアルを作成したり、技術試験の問題作成、接客コンテストの審査員を務めたりするのも【エリアMD担当リーダー】なんですよ。

—来店されたお客さまに対して気を付けていることは？

〝花〟は、うれしいとき、悲しいとき、に限らず、あらゆる場面で気持ちに寄り添ってくれるものです。だからこそ、〝花〟をプレゼントとして選択されたお客さまがどのような思いを伝えたいのかをできる限り聞き取り、その気持ちを色やイメージ、花言葉に込めるなど、お客さまの思いを花束やアレンジメントに託すことができるように心掛けています。その結果、お客さま一人ひとりにとって〝特別な花〟がご用意できれば——。これほどうれしいことはありません。

実際、プロポーズ用の花束を求められたお客さまであれば、「10（と）8（わ）＝永遠」と読めることからプロポーズに最適といわれている108本のバラの花束をご提案することもあります。また、花束を持ち歩くことに抵抗のある方には紙袋に入るアレンジメントをお勧めすることも。性別や年齢を問わず、ひとりでも多くの方々に気軽に〝花のある暮らし〟を楽しんでいただく——。これを基本に考えるようにしています。

—流行についてはどのようにして知るのですか？

毎年のように新しい品種の〝花〟が誕生するので、花市場での調査は欠かせません。

〝花〟とはまったく関係のない他業種の展示会に行ったり、テレビ番組

SCHEDULE

ある一日のスケジュール

10:00	出勤・売上確認・メールチェック
11:00	商品のデザインやツールのチェック
12:00	昼食
13:00	取引会社との打ち合わせ
14:00	ミーティング・移動
15:00	担当店舗回り （展示や接客の指導・接客）
16:00	チームメンバーとの打ち合わせ
18:00	生花発注
19:00	退勤

やSNSで流行っているファッションやトレンドカラーを知ったりするのも大切にしていることのひとつです。意外に日常生活のなかでアイデアが浮かぶことも多いので、広くアンテナを張るようにしています。

—特に印象に残っている出来事があればご紹介ください

渋谷ヒカリエ店で店長を務めていたときは、共有スペースで月に1度、フラワーアレンジメントのレッスンを行っていました。そのレッスンは、お客さまに〝花〟に触れる楽しみを伝えられたらと思って始めたのですが、想像していた以上に、先生役となる店舗スタッフがそれを機に成長していきました。どんどん成長するスタッフの姿を見ることは、私自身の喜び、やりがいにもつながり、今でも忘れられない思い出のひとつです。

そして、そのレッスンは、お客さまにとっては店舗や〝花〟のファンになるきっかけになったようで、スタッフ全員が多くのお客さまとより深い関係性を築くことができました。今でもそのときのお客さまが〝花〟を買いに来てくださったり、店舗に手紙をいただいたり、なかにはウエディングブーケをご依頼してくださる方も。このようなお客さまとのつながりを、これからも大切にしていきたいと思います。

—入社した当時と比べて、求められるサービスや商品に変化はありますか?

入社当初は、〝花〟といえばお祝いのギフトや結婚式など、特別なときに用いられることが多かったように思います。しかし、コロナ禍になってからは、「おうち時間」が増えたからでしょう。自宅用に購入し、SNSなどで〝花のある暮らし〟を発信される方が多くなったように感じています。

実際、日比谷花壇では、コロナ禍以前から〝花〟の月額定額制サービスの「ハナノヒ」をスタートさせていたのですが、コロナ禍でお申し込みされる方がさらに増えました。〝花〟が身近になることで、花に関する知識や感度が高い方が増えた——。これも最近の傾向だと感じています。

—この仕事に就くための資質とは?

何事にも前向きに取り組む姿勢が大事だと思います。

できれば学生時代には、〝花〟に限らず、絵画などの美術やファッションに関心を持ったり、海外旅行に出掛けたりするなど、さまざまなものに触れることをお勧めします。

—これから成し遂げたいことは?

より多くの方々に〝花のある暮らし〟を提案できる店舗づくりや商品企画をすることです。また、店舗での販売や、ブライダル、お葬式サービスだけでなく、形に捕らわれない〝花〟の可能性をさらに広めたいとも考えています。

そして、いつかの日か自分自身の店舗を構える——。これも密かな夢ですね。

—子どもたちに将来へ向けてのアドバイスをお願いします

自分の気持ちに素直になり、興味があることには積極的に挑戦し、自分の〝好き〟を増やしてほしいと思います。

また、常に向上心を持つことも忘れないでください。ときにはうまくいかないときもありますが、それもひとつの学びとなり、新しい一歩になるはずです。

—仕事とは?

6年後夢をかなえる中学校

夢中

大宮開成(おおみやかいせい)中学(ちゅうがく)・高等学校(こうとうがっこう)

埼玉県／さいたま市／共学

中高一貫部
小林(こばやし) 佑樹(ゆうき) 教頭

「世界の一員」を育む

本校の校訓は「愛・知・和」です。愛は「利他の心」、知は「知識と知性」、そして和は「愛と知の融合、多様性」を表します。他者を思いやる心を持つこと、知識に基づいた的確な判断で課題を解決できる力を身につけること。それらのバランスの取れた人こそが国際社会において求められる人材と考え、常にこの校訓を念頭に、教育活動に取り組んでいます。

本校の大きな特徴である「プレゼンテーション教育」では、生徒たちが自ら課題を設定し、調査や討論を重ねながら課題解決の方法を探ります。そして、その成果をまとめ、自分の言葉で発表します。それらの過程で身につく探求力、発信力、協働力、さらに社会問題に対する視座は、国際社会で活躍するうえで欠かせない大切な資質です。本校での6年間を通じて、生徒たちは将来「世界の一員」として活躍するための力を身につけていきます。

成長の個性を見極める

「中高一貫部」の生徒は、高校入試を経て入学する生徒とは異なるカリキュラムで学びます。その理由は、進度の違いだけではありません。生徒たちの成長スピードは一人ひとり異なり、特に中学生の間はその差が大きいものです。だからこそ、中高一貫部の生徒には6年間という期間を生かしてのびのびと自分を育んでほしいのです。教員は、生徒と丁寧に向き合うことで個々の成長のタイミングをつかみ、適切な学習指導をしています。そのためには、日々の丁寧なコミュニケーションが欠かせません。本校では中学1年生から定期的に「二者面談」を実施し、生徒の状況を教員がしっかりと把握するよう努めています。

生徒の夢を確かなかたちへ

このような取り組みの積み重ねもあり、近年は多くの生徒が希望の進路を実現し、大きく羽ばたいています。また、在学中から模擬国連などの外部のコンテストやコンクールに参加する生徒も増えてきました。本校は、進学校としての期待に応え続けていくと同時に、幅広い視野を持ち、社会問題の解決に主体的に取り組む人材が誇りを持って巣立っていく学校でもあり続けたいと考えています。

Pick Up!

学年代表者によるプレゼン 「開成文化週間」

大宮開成の特徴である「プレゼンテーション教育」の集大成となる最終発表会。各学年の代表者が、1年かけて調べ考えた成果をまとめ、多くの生徒の前で発表します。発表者はもちろん、聞き手もみんな真剣。緊張感と刺激が会場全体を包みます。

Pick Up!

大学入試を見据えた 「英数特科コース」

これからの国際社会で活躍するために欠かせない言語力・数的理解力を養うため、全員が「英数特科コース」に所属し、中学1年生から英語・数学に比重を置いたカリキュラムで学びます。中学2年生では週に1度、全員がオンライン英会話に取り組みます。

卒業生先生にうかがいました！

大宮開成ってどんな学校？

大宮開成高校を卒業し、今は中高一貫部の教壇に立たれている安達先生と有田先生。お二人が感じる大宮開成の魅力を教えていただきました！

あだち　れいこ
安達 玲子先生

2008年 大宮開成高等学校卒業
担当教科：英語／中高一貫部 英語科責任者
チアリーダー部顧問

中高一貫部ってどんな雰囲気ですか？

「1つのチーム」のような雰囲気があります。先生と生徒はもちろん、先生同士も丁寧にコミュニケーションを取っています。担当していない生徒でも、質問に答えたり、声をかけたりする光景がよく見られます。

安達先生イチ推しの学校行事は？

コロナ禍で今は実施できていませんが、高校1年生が参加する「オーストラリア海外研修」です。生きた英語と海外の文化に触れる機会は、大きな刺激になっていると思います。

校内で一番好きな場所はどこですか？

職員室前の廊下のホワイトボードです！　このホワイトボードを使って先生が質問に答えたり生徒同士が教え合ったりと、いつも活気にあふれています。

英語の授業の特徴は？

毎週土曜日の「英会話」の授業では、ディベートなどにも取り組みます。英語を学ぶ目的は「話せるようになること」ではありません。英語を学ぶことで世界に向けて発信するスキルを身につけ、自分がやりたいことを実現していく……。教えている私も、常にそのことを意識しています。

安達先生からのメッセージ

「英語の学習が難しそう……」と思った人、心配はいりません！　最初は全員アルファベットの書き方から一緒にスタートして、多くの生徒が高校在学中に英検®準1級を目指すところまで力を伸ばしているんですよ。皆さんと一緒に学習できる日を楽しみにしています。

ありた　ひろゆき
有田 浩之先生

2011年 大宮開成高等学校卒業
担当教科：社会／中高一貫部　社会科責任者
卓球部顧問

中高一貫部ってどんな雰囲気ですか？

まるで一緒に生活している「寮」のような親密さがありますね。また、生徒にも先生にもみんなで「より上を目指す」雰囲気があるのも特徴だと思います。私もよりよい指導のために先輩の先生にたずねることがあるのですが、皆さん出し惜しみせずに教えてくれます。

有田先生イチ推しの学校行事は？

やっぱり「開成文化週間」です！　私がプレゼンテーション教育に携わっていることもあるのですが、壇上に立つ生徒の輝きを見ていると、心から感動します。

校内で一番好きな場所はどこですか？

「ワールドロビー」が大好きです。ガラス張りで開放感のあるラウンジのような場所で、自習もできますし、委員会や部活動の打ち合わせをしている光景もよく見かけます。私もたまに、ここで授業の準備をしています。

社会の授業の特徴は？

中高一貫部では、高校生の授業を担当している先生が中学1年生も教える、ということがよくあります。大学入試の厳しさを知る教員による授業を、学びの入口に立っている中学生も受けられることは、大きなメリットだと思います。

有田先生からのメッセージ

大宮開成に興味を持っている方には、ぜひ一度学校にお越しいただきたいです。私たちが一番大切にしている「人と人とのつながり」を感じていただけると思います。私も学校説明会を担当していますので、お会いできるとうれしいですね。

SCHOOL DATA
大宮開成中学・高等学校
〒330-8567 埼玉県さいたま市大宮区堀の内町1-615　TEL 048-641-7161（代）
JR「大宮駅」東口より徒歩約25分／バス約7分

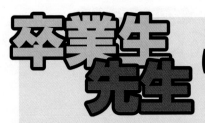

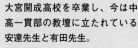

クローズアップ!!

Close up!!

千葉 ／ 松戸市 ／ 共学校

専修大学松戸中学校

生きた英語と異文化を肌で感じる国際的な視野を養う独自の英語教育

「社会に貢献できる知性豊かな人材の育成」をめざして2000年に開校した専修大学松戸中学校。英語4技能を着実にステップアップさせる独自の英語教育をはじめ、生徒1人ひとりの未来を育むキャリア学習などを通して、主体的に学ぶことの喜びを実感できる学校です。

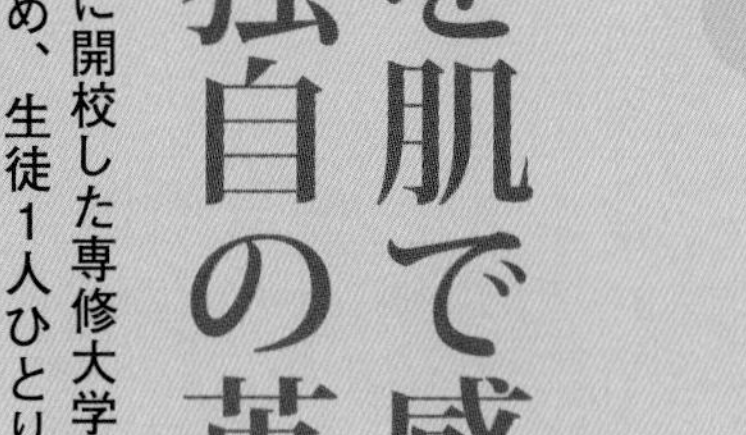

五味 光 校長先生

恵まれた環境への感謝を忘れず社会に貢献する意識を養う

知・徳・体の実践を教育理念として、2000年に開校した専修大学松戸中学校（以下、専大松戸）は、専修大学の建学の精神である「報恩奉仕」（育てられ、成長したことへの恩に報いる心を忘れず、社会に対して奉仕すること）に「質実剛健」（皮相を飾ることに捉われず本質を大切にし、心身共にたくましく健やかであること）と「誠実力行」（真心を持って力の限り目標に向かって努力すること）を加えて建学の精神としています。五味光校長先生は、この3つの精神を中高生にもわかりやすいように言い換えて、次のように説明します。

「昨年校長に就任したときから、生徒たちには『ほかの人から頼られる、社会にとって不可欠な人間になってほしい』と伝えています。私立中学に入学できるのは、全小学校6年生のわずかな人数であると考えると、こうした恵まれた環境で勉強できることを当たり前だと思ってほしくはありません。今年の新1年生にも、ここでの学びを将来世の中に還元し、

学校施設

英語教育専用校舎「アンビションホール（高志館）」はタイル調の外観でアメリカの学校を思わせる雰囲気があります。70席の個別ブースがある自習室のほか、人工芝グラウンドなどの運動施設も充実しています。

校舎

社会に貢献できる人材となれるよう、感謝の気持ちを忘れずに学校生活を送ってほしいと話しました」

専大松戸は6年間を3期に分けた、中高一貫教育のカリキュラムを導入しています。開校以前、五味校長先生を含む開校準備室の先生方がほかの中高一貫校に見学に行くと、多くの学校が高校受験がないことから起こる、中3から高1にかけての〝中だるみ〟の悩みを抱えていることがわかったそうです。

そこで専大松戸では中1・中2を基礎期、中3・高1を充実期、高2・高3を発展期とする3期体制を敷くことにしました。中2からは数学・英語の習熟度別授業がスタートし、中だるみが懸念される中3からはクラス編成が選抜クラス（Ⅰ類）と一般クラス（Ⅱ類）に分かれます。

生徒たちにとってはこれらの段階の1つひとつが、自身の学習を見直す「気づき」のポイントになるのだといいます。

「1度選抜クラスに入ったからといって気は抜けませんし、努力によっては次年度から選抜クラスに入ることもできるわけです。なかには進級時にⅡ類になってしまい、大きなショックを受ける生徒もいるのですが、私は本番の大学受験で泣くよりはいいと考えています。これまでも、6年間で飛躍的に成績が伸びて難関大学合格を果たすという生徒をたくさん見てきました」（五味校長先生）

6年間の一貫カリキュラムが組まれているため、高校進学後も内部進学生は外部からの入学生とは別の類型に所属します。部活動や学校行事の際は他類型の生徒といっしょに励むことができるため、新たな仲間からも多くの刺激をもらえる仕組みになっています。

全員参加のアメリカ修学旅行
英語を「体験する」機会を重視

専大松戸は英語教育において、「『使える英語』を増やす」ことを目標に掲げています。英語教育専用校舎の「アンビションホール（高志館）」で行われる英会話の授業は、ネイティブの教員がメインですべて英語で行われます。教室を移動すると生徒の気持ちも切り替わり、自然と英語を話す雰囲気になるそうです。

また、英語学習の大きな行事の1つとして用意されているのが、中3で全員が参加するアメリカ・ネブラスカ州への修学旅行です。午前中は現地の学校で、同年代の生徒とクッキングや科学実験などの体験型授業に参加し、午後はグループごとにシ

自習室

アンビションホール

図書室

人工芝グラウンド

ヨッピングや市内にある州庁舎、グランドアイランド市にある開拓者村博物館などを見学します。

「メンターと呼ばれる現地の大学生が同行してコミュニケーションを取ってくれるので、生徒は1日中英語のシャワーを浴び続けることになります。最初はなかなか言葉が出てこなくて苦労することもあるようですが、グループ全員でコミュニケーションを取り、お互いをサポートしあうことで乗り越えてくれています」（五味校長先生）

生徒たちはネブラスカ州で日本の文化を紹介できるように、事前学習として中1から歌舞伎や文楽、能、狂言などの伝統芸能を鑑賞したり、フィールドワークで田植えや稲刈りを経験したりしています。帰国後は「アフターネブラスカ」の学びとして、日本の大学に通う非英語圏からの留学生と2日間交流するＩＳＡプログラムが実施されます。同時期には週最大7回受講できるオンライン英会話での家庭学習もスタートし、修学旅行で学んだことを活かしつつ、ノンネイティブ同士、英語で会話をする経験を積んでいきます。このように中1から高3までの学習内容が発展的につながっていくからこそ、生徒たちは英語4技能をバランスよく着実に伸ばしていくことができるのです。

大学受験や夢の実現に向けたキャリア教育も充実

高校受験がない分、早期から自分の将来について考えることができる中高一貫校の利点を活かして、専大松戸はキャリア教育にも力を入れています。中1では「自分を知る」、中2では「職業を知る」、中3では「自分の将来について」をテーマに、各方面で活躍する著名人の講演会や、職業体験とその報告会などを開催しています。

「中3の夏休みからは、将来就きたい職業や大学で学びたいことなどを論文にまとめる『Future Project』が始まります。このころはＩＳＡプログラムでほかの国の留学生と交流している時期でもありますから、母国に貢献したいという思いで勉強している各国の大学生の話を聞き、『じゃあ自分にはなにができるだろう』と改めて将来を考える生徒もいます」（五味校長先生）

ほかにも外部講師を招いての出張授業や、卒業生が自分の専攻や大学卒業後の進路について話をする「卒業生が語る会」など、これからのキャリアについて考えを深める様々な

授業・国際教育

数学と英語は中２から習熟度別の授業が行われています。イングリッシュデイ（中１）、TOKYO GLOBAL GATEWAY プログラムへの参加（中２）など、英語を「体験する」機会が多いのも特徴です。

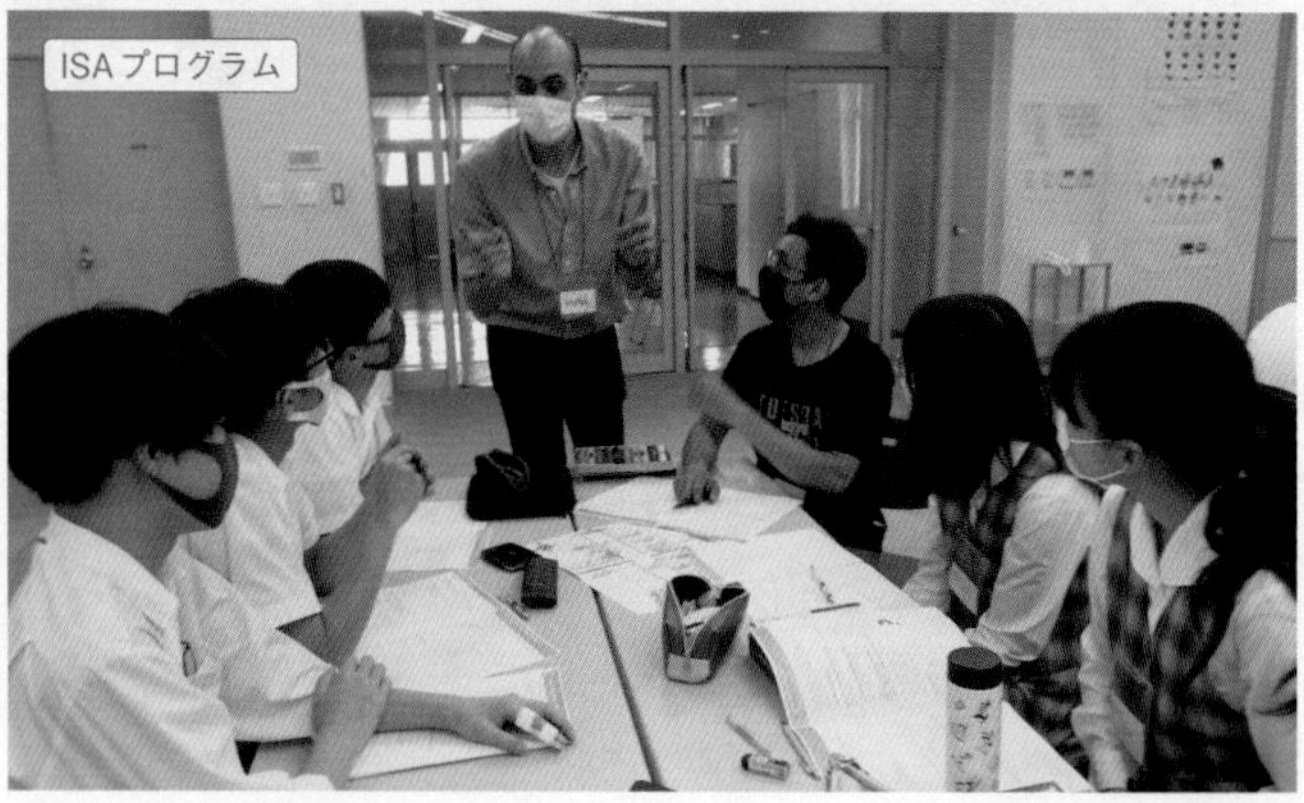

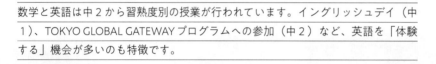

学校行事・部活動

中１は筑波山登山、中２は田植えと稲刈り、中３は鎌倉などへフィールドワークに出かけます。卒業生を迎えて行う「卒業生が語る会」や体育大会、合唱祭など、豊かな感性を養う学校行事がたくさん用意されています。

写真提供：専修大学松戸中学校　※写真は過年度のものを含みます。

行事が用意されています。こうしたプログラムを通して生徒は自らの可能性に気づいて、夢を実現するための行動力を磨いていきます。

五味校長先生はこれらのキャリア教育では、自分の体験や感じたことを発表する過程も大切にしているため、あえてスピーチなどの「緊張する場面」をたくさん作り出しているのだと教えてくれました。こうした機会を経験することで生徒たちは自分で物事を考え、その考えを表現する力を身につけて成長していくのだといいます。

最後に、五味校長先生に読者のみなさんへのメッセージをいただきました。

「受験勉強のときとは違い、中学では塾の先生や保護者からの助けがなくなり、学習内容も難しくなっていきます。ですから、入学するまでに自分で机に向かって勉強する習慣をしっかり身につけておいてほしいと思います。

専大松戸は部活動も盛んで、多くの生徒が勉強と両立をしながら結果を出して頑張ってくれています。これからはいままで以上に、生徒同士が放課後に『いっしょに1時間だけ勉強していこうよ』と言いあえるようなムードを学校全体で高めていけたらいいと考えています。

受験生の方にはぜひ1度実際に足を運んでいただき、どんな学校なのかを見ていただけたら嬉しいです。本校の特徴を理解したうえでともに成長していけるみなさんをお待ちしています」

学校説明会〈要予約〉

11月 3日（木祝）10:00～12:00
12月10日（土）　10:00～12:00
1月 8日（日）　14:00～15:00
※日時は変更の可能性があります。
事前に学校HPにてご確認ください

2023年度入試日程

第１回入試　1月20日（金）
第２回入試　1月26日（木）
帰国生入試　1月26日（木）
第３回入試　2月 3日（金）
※詳細はHPにてご確認ください

School Information

所在地：千葉県松戸市上本郷2-3621
アクセス：JR常磐線「北松戸駅」徒歩10分、新京成線「松戸新田駅」徒歩15分
生徒数：男子290名、女子201名
TEL：047-362-9102
URL：https://www.senshu-u-matsudo.ed.jp/

のぞいてみよう となりの学校

School Data

所在地　東京都世田谷区太子堂1-7-57
アクセス　東急田園都市線・世田谷線「三軒茶屋駅」徒歩7分
生徒数　女子のみ632名
TEL　03-3411-5115
URL　https://jhs.swu.ac.jp/

昭和女子大学附属昭和中学校〈女子校〉

世田谷区三軒茶屋の昭和女子大学キャンパス内に校地をかまえる昭和女子大学附属昭和中学校。特色ある3コース制と学年全員が参加するボストン研修など魅力ある取り組みについてご紹介します。

自ら考え、行動し 切磋琢磨しながら成長する

たくましく、しなやかに 一生学び続ける人をめざす

1920年の創立以来「世の光となろう」という建学の精神のもと、「清き気品」「篤き至誠」「高き識見」の校訓三則に則り、それぞれの時代に合わせて、社会で活躍できる女性を数多く輩出してきた昭和女子大学附属昭和中学校（以下、昭和女子）。不易流行（※）の精神を大切に、自ら考え、行動し、自立することをめざして7年前にスタートした新カリキュラム「SHOWA NEXT」。年々その姿は進化を続けており、「主体性」をキーワードに様々な教育活動を実践しています。

「決められたレールの上を確実に歩けるように教員が先導し進むことをよしとした時代はすでに終わり、だれも見通すことのできない不確実な時代が到来しています。本校の生徒たちには、建学の精神を忘れずにいまこの時代を生き抜くためのたくましさとしなやかさを身につけてほしいというのが私たち教員の想いです」と語るのは入試広報部長の杉村真一朗先生です。

その想いを実現するために、「SHOWA NEXT」のスタート時よりコース制を導入し、「自ら選ぶこと」「現地体験」を重視した特色ある取り組みを重ねています。

次に2021年度より改編された新たな3コースの特色についてみてみましょう。

※いつの時代も変わらない物事の本質を忘れずに、新たな変化も取り入れていくことを大切とする考え方

自然科学の片鱗に触れる
～スーパーサイエンスコース～

まずは、「スーパーサイエンスコース」です。２０１８年度からスタートした同コースは中３進級時からの選択制でしたが、２０２１年度より入学時から選択可能になりました。徹底した基礎学力の育成と実験・実習を多く取り入れたカリキュラムにより、自然科学分野をより深く学ぶためのコースです。卒業後の進路も多彩で理工系、医療系、データサイエンス系や理系の知識を活かし社会科学系学部に進む生徒もおり、進路の幅も多岐にわたっています。

「生徒自身で研究ができるような資質を高めることをめざしているので、中１～２では、まず仮説の立て方やデータ分析の仕方といった『研究の作法』を学びます」と話すのはスーパーサイエンスコース・高３担任の小松遼先生です。

「私たち教員は、中高生だからといって手加減をせずに、共同研究者として接することを心がけています。生徒から提示されたテーマや研究成果に対しても『こういう可能性もあるのでは』など、根拠を示したうえで意見を伝えるようにしています。大変だと思いますが、自然科学はこのように突き詰めていくのだと、その片鱗だけでもわかってもらうことが私たちの願いです。サイエンスという大きな壁に圧倒された経験は、今後、学びを深めていくうえでの糧になるはずです」（小松先生）

また、特別協定を結ぶ医系総合大学「昭和大学」との連携プログラムもあり、昭和大学の学生とのディスカッションを通して将来の進路についての考えを深めていきます。さらに中３対象の「サイエンスアドベンチャー（屋久島研修）」や物理・化学・生物・地学といった分野に沿った様々なフィールドワークなどを体験し、自然科学分野の教養を深めていきます。これらの経験を通じて小松先生は「生徒１人ひとりの自己決定力が上がった」と話します。

「入学当初は教えられて当たり前だったのが、いまでは目的に向かって邁進（まいしん）できるようになりました。選択力や自己決定力を持つことは、自信にもつながっていきます」（小松先生）

10カ月のカナダ留学を基軸に
～グローバル留学コース～

「グローバル留学コース」では、高い語学力と国際的な素養を身につけ、グローバルに活躍できる人材の

「中高生のための学会　サイエンスキャッスル2021関東大会」では、スーパーサイエンスコースの中3～高2の計32名が研究成果を発表し、「メダカの記憶力の維持」の発表は最優秀賞を受賞しました。

実験や観察を頻繁に行うスーパーサイエンスコース。

入学時には生徒全員がChromebookを購入します。校内にはWi-Fi環境が整備されているので、インターネットやアプリを使った学習にも取り組むことができます。

3泊4日の「サイエンスアドベンチャー（屋久島研修）」。調査する分野でグループに分かれて研修を行います。

育成を目標としています。入学時より英検2級以上取得者を対象に取り※出し授業が行われており、中1の終わりに実施される「アジアディスカバリー」ではシンガポールとマレーシアを訪問し、異文化に触れ、多様性理解の基本を学びます。また、昭和女子の敷地内には、テンプル大学ジャパンキャンパスとブリティッシュ・スクール・イン・トウキョウ昭和があり、その恵まれた環境を活かした生徒同士の交流プログラムも盛んに行われています。そして同コースの最大の行事が、高1の秋から始まるカナダ留学です。

「内部進学生やほかの小学校からの入学生、帰国生など、様々なバックグラウンドを持った生徒の集まりですので、他者を受け入れ、協調する力がとくに長(た)けているように感じます。それぞれの主義主張が異なっても、真摯に耳を傾け、受け入れる姿勢がみられます。このメンバーで留学へ行くことは決まっていますので、放課後には苦手な問題を教えあうなど、お互いを支えあいながら日々切磋琢磨しています」（杉村先生）

カナダ留学では1家庭に1人ずつホームステイをしながら、現地の高校へ10カ月にわたって通学します。現地では自分の好きな授業を選択し、興味関心に基づいた学習ができるなど、日本の中学校とは違った学習スタイルを体験できることも魅力の1つになっています。帰国後は留学で高めた語学力と人間力を活かし、SDGsの観点から国際問題の解決について探究し、卒業後の進路を主体的に決めていきます。

また、昭和女子には高校に籍をおきながら昭和女子大学で1年先行して学べる五修生制度があります。さらにダブルディグリー・プログラムを選択することで、昭和女子大学と海外協定大学の2つの学位取得をめざすことができるため、近年、選択する生徒も少なくないようです。

好きをとことん伸ばす ～本科コース～

「本科コース」は、理系・文系・文理融合のいずれの分野にも高いレベルでチャレンジできる学力を幅広く身につけることを目標にしています。基礎学力の徹底はもとより、数学・英語では生徒の習熟度に合わせた分割授業を行い定期的なテストで入れ替えをするなど、個々の学力を伸ばしつつ、学習へのモチベーションを高める取り組みが行われています。また、放課後には特別授業もあ

中1で行われる「アジアディスカバリー」の様子。現地の高校生や大学生との交流を通して、海外の文化に親しみます。

テンプル大学、ブリティッシュ・スクールと敷地を共有しているため、海外にルーツを持つ生徒とかかわる機会も多いです。

放課後にネイティブの教員に英語を教えてもらったり、いっしょにゲームをしたりすることができる「English Room」。

「エクスチェンジ授業」では、ブリティッシュ・スクールの生徒が昭和女子の授業に参加します。英語で話しあいを行うなど、英語力が試されます。

※習熟度別クラスを行うなかでも、帰国生の英語の授業など、さらに習熟度の高い生徒を取り出して少人数で行う授業のこと

中1からキャリア教育が行われ、「企業訪問」をすることも少なくありません。

3コースとも、授業では主体的に考え、積極的に意見交換を行うことが重視されています。

全コースの中2が参加する「The Boston Mission」では、現地の中高生と英語でディスカッションを行うなど、各コースで様々な取り組みに挑戦します。

学校説明会　要予約

11月20日(日)　10:00～
入試問題解説あり

12月11日(日)　10:30～

1月11日(水)　10:00～
WEBでの実施予定

※日時は変更の可能性があります。
事前に学校HPでご確認ください。

写真提供：昭和女子大学附属昭和中学校（過年度のものを含みます）

り、よりレベルの高いプラスαの学びが実践されています。

　また、中1～中3では「私の研究」という探究活動があり、自分で選んだテーマについて、1年かけて研究し、その成果をクラス全員の前で発表します。探究の基礎や課題解決力、表現力を育成するプログラムで、主体的な活動を通じてグローバル社会で活躍できる資質を養っていきます。

　中3では大学体験授業やキャリアデザイン講座、日本人としてのアイデンティティーを確立するための一助となる京都・奈良を訪問する「古都の旅」（3泊4日）などもあり、入学する段階では自分の得意分野や興味がはっきりしない生徒も、様々な体験を通して、主体的に進路を決定していきます。

　そして、昭和女子の「現地体験」を重視した特徴的なプログラムが、全コースの中2が参加するボストン研修です。昭和女子大学がアメリカに設立した教育施設「昭和ボストン」で、春に12日間実施されるこのプログラムは「The Boston Mission」と名づけられ、コースごとに異なるミッションに挑戦します。

　各コースとも中1からそれぞれの事前学習が始まり、ボストンでは、本科コースは現地高校での授業体験、グローバル留学コースは現地生徒への英語プレゼンテーション、スーパーサイエンスコースはハーバード大学自然史博物館やマサチューセッツ工科大学の見学などがあり、帰国後のまとめ・発表までを含め、中学3年間をかけた長期グローバル研修になっています。また、現地大学に留学する昭和女子大学の学生と交流する機会もあり、英語力の向上だけでなく、海外大学への進学など将来の具体的な目標を見つける動機づけにもなっているようです。

　恵まれた学習環境のもと、失敗を恐れずになにごとにも伸びのびとチャレンジする昭和女子生。そんな生徒たちのチャレンジ精神を大切にしたいと杉村先生は話されます。

「一歩を踏み出す勇気が、幅広い選択肢を与えてくれます。本校では、主体的に活動し自分の可能性に挑戦できる土壌を育んでいます。先日も文化祭で生徒たちが自主的にブースを出して受験生への説明会を行っていました。見守る教員としてはドキドキしますが、いまの昭和女子はいまの生徒たちで形作られていますし、生徒がなによりの宝です。活躍する生徒たちの姿を見て、賛同してくださる方々が本校を選んでくだされば嬉しいです」（杉村先生）

公立中高一貫校
リポート

東京都立富士高等学校附属中学校〈共学校〉

6年間で身につけたい
未来を創造し社会で活躍できる力

昨年度からスーパーサイエンスハイスクール（SSH）に
指定された東京都立富士高等学校。
同附属中学校でも多彩な理数教育が推進されています。
加えて、国際教育にかかわる取り組みも充実しており、
幅広い教養を身につけることができます。

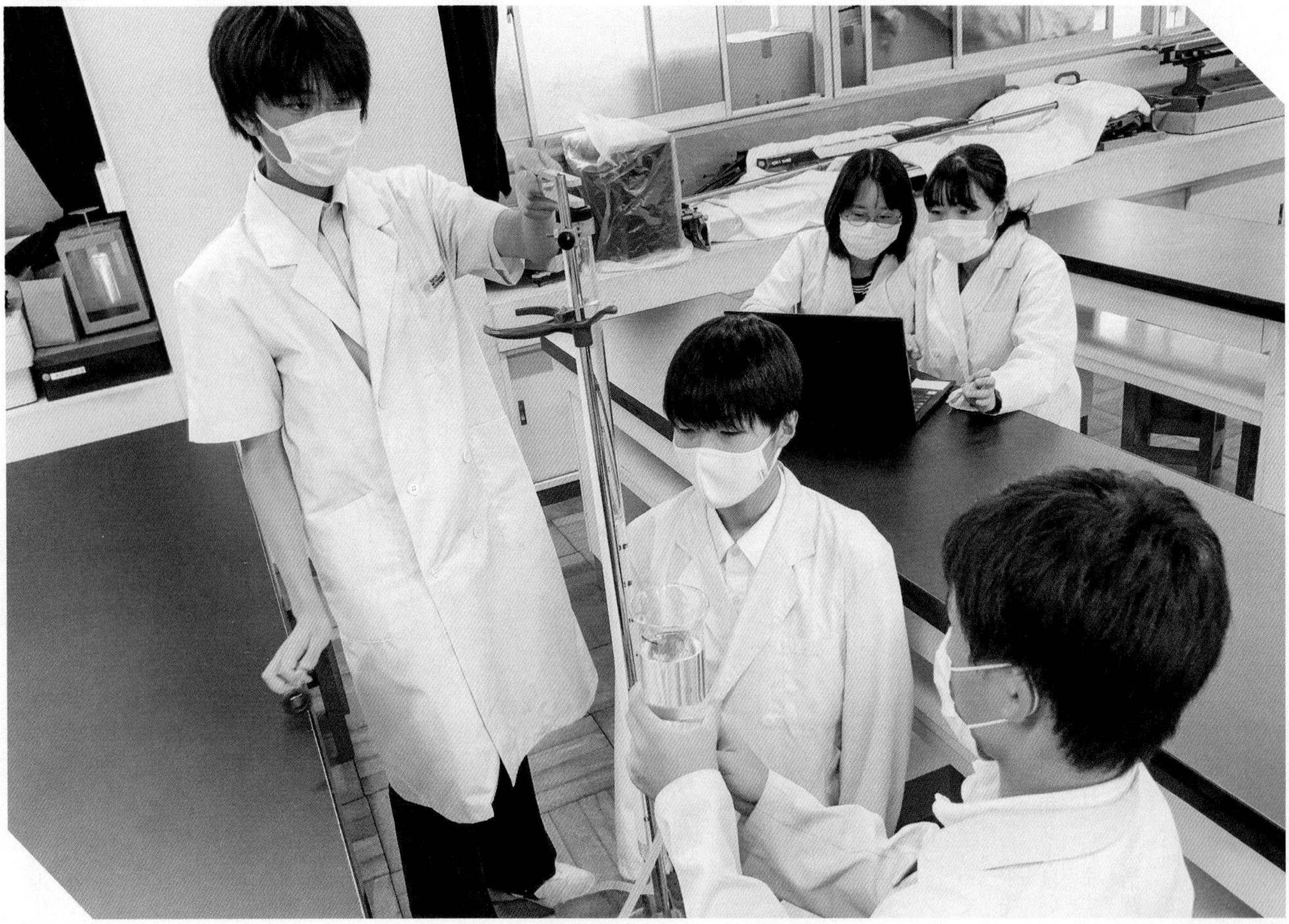

めざしているのは「富士山型の人間」

東京都立富士高等学校附属中学校（以下、富士）は、2010年に東京都立富士高等学校（以下、富士高）の併設型中高一貫校として開校しました。教育理念「自主自律」「文武両道」のもと、「知性を高め、教養を深める」「品性を養い、感性を磨く」「自ら判断し挑戦する精神を高める」の3つを教育目標に掲げています。さらに、幅広い教養を身につけ、大きく成長してほしいとの思いから「富士山型の人間をめざす」をキャッチフレーズとしています。

勝嶋（かつしま） 憲子（のりこ）　校長先生

どの教員も生徒のことを第一に考え、様々な学びの機会を与えようと、全力で指導にあたっているのが本校のよさだと思います。

富士ではこうした教育目標の実現のため、独自の多彩な学びの数々を用意しています。勝嶋憲子校長先生に富士の教育についてお話を伺いました。

「どの教員も生徒のことを第一に考え、様々な学びの機会を与えようと、全力で指導にあたっているのが本校のよさだと思います。枠にはめた指導をすることはありませんので、生徒は伸びのびと過ごせるでしょう。行事が多いので充実した学校生活を送れるのも魅力です。本校では、行事の企画・運営においても生徒の自主性に任せています」（勝嶋校長先生）

6年間取り組む「富士未来学」

富士高は2021年度よりスーパーサイエンスハイスクール（SSH）に指定されています。「富士未来学」はSSHとして実施しているプログラムの1つで、全学年の生徒とすべての教員がかかわります。

「富士未来学」は教員手作りのオリジナルテキストを活用しながら、探究学習とはどのようなものかを考えることから始め、統計や分析に関する基本的な知識など、探究活動に必要なスキルを身につけていきます。そして、中3でプレ課題研究、高1・高2で本格的な課題研究に臨みます。めざすのは理数的なものの見方で課題を発見する「理数的発見力」、その課題の解決方法を探る「理数的解決力」を伸ばすことです。

学年ごとに発表の準備を行う課題研究強化週間や中1～高3まで全生徒が発表しあう探究発表会など、アウトプットの機会も豊富に用意しているので、プレゼンテーションスキルや、ほかの人の発表を聞いて質問する力も養うことができます。

「本校の生徒は中1から『富士未来学』で探究学習を行っていることもあり、調べる力、人の意見を聞く力や理解する力、そして自分の考えを発信する力がしっかりと育っているのを感じます。また、探究発表会には外部のアドバイザーが20名ほど訪れ、発表を聞いたうえでアドバイスをくださるので、生徒の励みになります」（勝嶋校長先生）

理数教育は「富士未来学」だけではありません。「理数セミナー」は年に10回開催される、希望者を対象とした講演会です。社会の第一線で活躍されている方々が、サイエンスとテクノロジー、スポーツ工学、化学反応についてなど、多種多彩なテーマで講演をします。ときには、定員の150人を超える参加希望者が集まるほど人気です。

「とくに探究合宿にも臨んでいる中1は、SSHの取り組みに興味・関心を持っていて、『理数セミナー』にも積極的に参加しています」（勝嶋校長先生）

ほかにも、理数に特化した取り組みとして、「東京大学最先端科学体験学習」や「サイエンスアカデミーキャンプ」があります。「東京大学最先端科学体験学習」は、東京大学の研究室を訪れて研究を体験させてもらうプログラムです。「サイエンスアカデミーキャンプ」は、東京大学の教授を招へいして、3日間かけて研究の手法を深く学びます。

「そのほか、科学探究部はSSHの指定を受けたことをきっかけに、ほかのSSH指定校とオンラインで交流を始めるなど、活動の場を広げています。

本校はこのように理数教育が充実していますが、決して理系分野に偏った教育を展開しているわけではありません。教科の授業や富士未来学を通じて、文理にとらわれない幅広い教養を身につけ、他者と調和する力、挑戦する力といった多様な力を育てたいと考えています」（勝嶋校長先生）

2

3

1

PHOTO　1 合唱祭　2 化学実験　3 中1・探究合宿　4 体育祭　5 部活動（茶道部）

国際教育に注力し海外大学進学の道も

富士は国際教育にも力を入れています。東京都の※Global Education Network 20にも指定され、英語に関する取り組みが充実しています。

通常の英語の授業では4技能をバランスよく伸ばすことが意識され、ペアワークやグループワークなどを導入。習熟度別授業やネイティブスピーカーの教員とのチームティーチングも実施します。

また、夏休みには中学生全員を対象に「短期集中英語講座」を開催。複数のネイティブスピーカー講師を招いて、コミュニケーション活動を中心とした授業を行います。校内で海外を体験する場として自分の主張を英語で表現し、自分のアイデンティティーに向きあう機会としています。

中2のブリティッシュヒルズ（福島県）での「宿泊語学研修」も海外をそのまま体感できる場となっています。さらに中3希望者対象の「シリコンバレー研修」は、約1週間アメリカに滞在し、世界最先端の科学技術に触れられるという魅力的なプログラムで、例年定員に対して3倍もの応募があります。

ほかにも、「レシテーションコンテスト」（中学全学年）や、「オンライン英会話」（中3～高2）も、通常の授業で学んだ英語力を、より実践的な力へと高めていくために行われる取り組みです。

「本校では、色々な形で生徒の英語力を伸ばしています。現在は国内ですが、情勢が落ち着いたら台湾への海外修学旅行も実施する予定です。また、希望すれば高1、高2でイギリスの国立大学であるバンガー大学主催の短期研修に参加することも可能です」（勝嶋校長先生）

富士はバンガー大学を含めたイギリス4大学、アメリカおよびアイルランドの大学、計6大学と指定校協定を結んでいます。特別指定校推薦制度を活用して、これらの大学に進学できるのは大きな特色でしょう。

本来、国内から海外大学へ進学する場合は、高校卒業後海外に渡り、現地で留学生のための大学準備講座「ファウンデーションコース」を約1年間受けるのが主流です。しかし富士では、高2終了時点で推薦入試に合格していれば、高3から週末や放課後を利用してオンラインで「ファウンデーションコース」を受講することができます。

その後、高3の1月に海外に渡り、

※GE-NET20　英語教育や国際交流などのグローバル人材育成に向けた取り組みを推進する都立20高校を、東京都教育委員会が2022年度から3年間指定

入試情報

2023年度入学生募集
※募集定員は過年度の情報です

募集区分
一般枠

募集定員
男女各80名

入学願書受付
2023年1月12日(木)～18日(水)

検査実施日
2023年2月3日(金)

検査内容
適性検査Ⅰ･Ⅱ･Ⅲ、報告書

適性検査の傾向
適性検査Ⅰでは、文章を的確に読み取り、自分の考えを論理的に表現する力をみます。適性検査Ⅱでは、資料をもとに課題に対して思考・判断する力、論理的に考察・処理する力などが求められます。独自問題の適性検査Ⅲでは、課題発見と解決する力とともに計算力や説明する力が試されます。

School Information

東京都立富士高等学校附属中学校
所在地：東京都中野区弥生町5-21-1
アクセス：地下鉄丸ノ内線「中野富士見町駅」徒歩1分
生徒数：男子 214名、女子 224名
ＴＥＬ：03-3382-0601
ＵＲＬ：https://www.metro.ed.jp/fuji-s/

4

5

写真提供：東京都立富士高等学校附属中学校（過年度のものを含みます）

半年間の対面講座を受ければ、現地の学生と同じタイミングで大学へ入学することができるのです。

失敗を恐れずにチャレンジしてほしい

最後に、勝嶋校長先生へ富士を志望する生徒さんへのメッセージをいただきました。

「中高時代は大学受験に向けて学力を伸ばすことも必要ですが、それだけでなく生きる力も養わなければなりません。本校には多くの行事がありますから、それらにも積極的に取り組み、さらに部活動にも参加するなど、様々な経験を通して人間力を高めていってほしいです。

本校では『6年間の富士の学びから未来を創造する』、そのような教育を展開していきたいと考えています。熱意ある教員、そして高めあえる仲間とともに、未来を創造し社会で活躍できる力を身につけましょう。そのためには、失敗を恐れず、どんなことにも挑戦する気持ちが必要です。重要なのは『できるかできないか』ではなく、『やるかやらないか』です。何事にも高い意欲を持って挑戦できる生徒さんを待っています」（勝嶋校長先生）

全員集合
部活に注目!

発表

東京都調布市にある、アミノバイタルフィールドで行われた体育祭での発表の様子。全校生徒の前でパフォーマンスを行います。

例年、高２の部員は文化祭でウエディングドレスをイメージした衣装を着てステージに上がります。その姿は、他学年の部員の憧れの的なのだそう。

今回紹介してくれたのは
中学３年　学年責任者
矢野 名紗（やの めいさ）さん

晃華学園中学校（こうかがくえん）〈女子校〉
バトントワリング部

毎年、多くの新入部員が集う晃華学園中学校のバトントワリング部。発表に向けて、様々な演目を部員全員で練習します。活動は生徒主体で行われており、部長や学年責任者などの部員が部をまとめています。

練習メニューや使用する曲などすべて部員が考える

Qバトントワリング部について教えてください。

矢野さん「バトンを使う演目『バトンの部』と、ポンポン・傘・リング（輪の中心にバトンがついたもの）などを使う演目『ポンポンの部』の2つをおもに行う部です。高2になると『フリー』という、なにも持たないで踊る演目もあります。バトンの部とポンポンの部は全員が日々練習し、様々な発表の機会でその成果を披露しています。なお、演目で使用する曲・振りつけ・照明・衣装などを考えるのは部員自身です。中1・中2のバトンの部と、ポンポンの部は高2の先輩が考えますが、中3と高1のバトンの部では、すべて自分たちで決めます。このほか、部員数が中高合わせて毎年100名近いことも部の特徴です」

Q発表の機会はどのくらいありますか？

矢野さん「学内発表は新入生歓迎会や文化祭、体育祭などがあります。12月には部内で高2の部員の引退式を行い

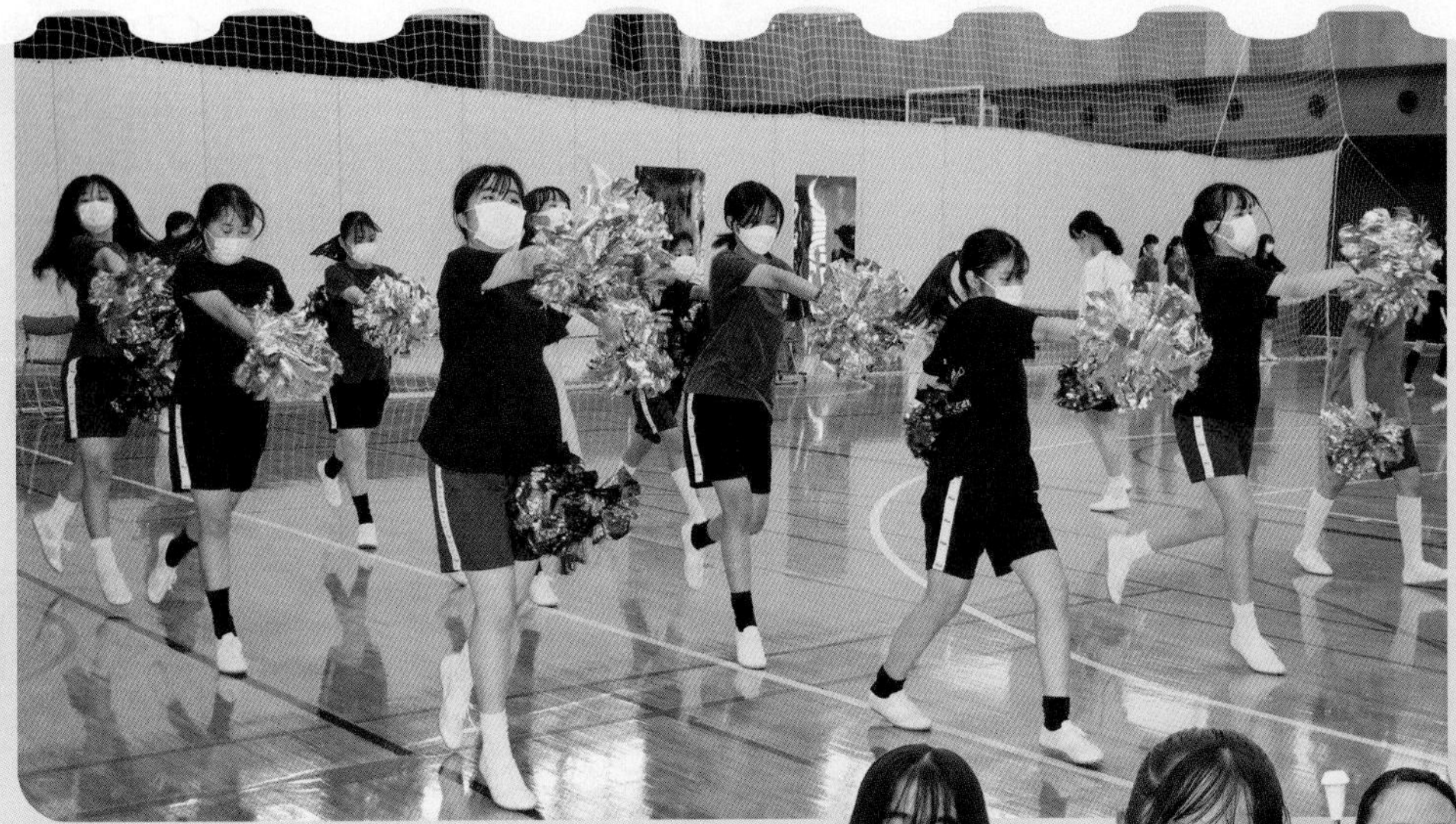

練習

練習はメインアリーナとサブアリーナで行います。文化祭前は普段の練習で指導してくれるコーチ以外に、大学生になった卒業生もコーチとして部を訪れます。

演目

左から、ポンポン・バトン・リングを持つ部員。バトンの部は学年ごとの、ポンポンの部は学年縦割りのグループで練習・発表を行います。

写真提供：晃華学園中学校
※写真は過年度のものを含みます

晃華学園中学校

所在地：東京都調布市佐須町5-28-1
アクセス：JR中央線・西武多摩川線「武蔵境駅」、京王線「国領駅」スクールバス、JR中央線「三鷹駅」、京王線「つつじケ丘駅」、京王線・相模原線「調布駅」バス
電　話：042-482-8952
URL：https://jhs.kokagakuen.ac.jp/

ます。例年は学外発表も実施します」

Q最も印象深かった発表はなんですか?

矢野さん「中2のときの文化祭です。私は小学生のときに訪れた文化祭で、この部の発表を見て入部することを決めました。しかし、コロナ禍の影響で中1のときの行事はほとんどが中止となりました。そのうえ、私たちの学年は入部時期が例年より遅かったため技術的な面で不安があり、中2のときの新入生歓迎会でバトンの部の発表に参加できませんでした。ようやくバトンを持ってステージに立てたのが、去年の文化祭です。高2の先輩たちが考えてくれた、かわいい振りつけと衣装を披露できてとても嬉しかったです」

Q入部後、どんな練習からスタートしますか?

矢野さん「バトンの基本的な技と、部員全員で行う文化祭のパフォーマンスのステップを練習します。高2の先輩にとって、文化祭の発表はこれまでの活動の集大成です。文化祭のステージで先輩が最後まで力を出しきれるよう、とくに夏から文化祭前までの時期は一生懸命ステップを練習します」

Q矢野さんが務める学年責任者とはどんな仕事をする役職ですか?

矢野さん「同じ学年の部員のまとめ役で、各学年に2人ずついる役職です。練習のスケジュールを立てたり、練習メニューをそのときの状況に合わせて変更したりします。ほかにも、部全体の雰囲気がよくなるよう、下の学年のことも気にかけるようにしています」

Qどんな力が身につく部ですか?

矢野さん「他学年の部員ともたくさん話すのでコミュニケーション能力が身につきます。私は全校生徒の前でSDGsについての活動を発表する『生徒活動報告会』の司会を務めましたが、そのときこの力を活かせたと強く感じました。そのほか学年責任者として活動するなかで、周囲を見ながら臨機応変に対応する力も養えていると思います」

Q今後の目標はありますか?

矢野さん「今年、有志で参加した東京都のバトンのコンテストでは目標に届かなかったので、来年も挑戦したいです。また、私が高2になったとき、私たち自身も楽しんでパフォーマンスをしながら、多くの観客を感動させられるステージをみんなで作りたいと考えています」

Q読者へメッセージをお願いします。

矢野さん「受験勉強で努力した経験は、中学校でもきっと活きてくると思います。周囲の方への感謝の気持ちを忘れずに精一杯努力してください。そしてバトントワリング部に入部したい人、待っています!」

【タイアップ記事】

サレジアン国際学園中学校高等学校

SALESIAN INTERNATIONAL SCHOOL

21世紀に活躍できる「世界市民」の育成
多様な生徒が集う学び舎に

今春、星美学園中学校から校名変更、共学化を経て「サレジアン国際学園中学校」が新たに誕生しました。「サレジアン・シスターズ」の教育理念のもと、21世紀に活躍できる「世界市民」の育成をめざし、新しいスタートを切っています。

共学化1期生は120人 男子も55人が門をくぐる

1947年、カトリック女子修道会「サレジアン・シスターズ」を母体として東京・赤羽に開校された星美学園中学校。2022年4月より、校名変更とともに共学化、教育内容も一新され、「サレジアン国際学園中学校高等学校」（以下、サレジアン国際学園）として、新しく歩み始めました。

「21世紀に活躍できる『世界市民』の育成」を掲げるサレジアン国際学園の門をくぐった共学化1期生は120人。そのうち併設小学校からの内部進学者を除いた外部からの入学者は88人で、昨年の11倍に。また、120人のうち、男子が55人いることも特筆されます。初年度から受験生やその保護者からの期待の高さがうかがえる結果となりました。

こうして新しいスタートを切ったサレジアン国際学園が育てるのは「21世紀に活躍できる世界市民」です。その世界市民とは、いったいどんな人なのでしょう。

川上武彦先生は「グローバル化やテクノロジーの進化がどんどん進み、現在目に見えていない課題も増えていく、不透明な時代がやってきています。これからAIがどれだけ進歩しようとも、そうしたものに弾き飛ばされない、流されない人材、『この人がいたからこの課題をクリアできた』『あの人のおかげで新しい価値を生み出せた』と言われるような、人としての存在感が際立つような人材に育ってもらいたいです」と期待を込めて、学校が描くその生徒像について話されます。

サレジアン国際学園では、こうした人材を育てるために必要であろう基礎として「5つのチカラ」を定めています。

「世界市民」を育てるための「5つのチカラ」

それが「考え続ける力」「コミュニケーション力」「言語活用力」「数学・科学リテラシー」、そして、そのすべての土台となる「心の教育」

の5つです。

「5つのチカラ」を育むために、最も重視しているのが「PBL型授業」。PBLとは「Project Based Learning」の略で、サレジアン国際学園では、生徒同士の対話を中心とした問題解決型学習です。

そのために特別なカリキュラムが用意されているのではなく、各教科の毎日の授業のなかに取り入れられています。授業中に出た1つの正解のない課題に対して、生徒たちが最適解を考える作業を繰り返すなかで、思考力や表現力、他者の意見を傾聴する力などを培います。

これは今年の中1、高1だけではなく、昨年から全学年の授業でも取り入れられており、「昨年よりも解答用紙の白紙部分を埋められる量が増えているという感じです。自分が、ある課題に対してどう思うか考え、それを表現できる生徒が増えています」と川上先生は話されます。

PBL型授業は、教員から生徒へのトリガークエスチョン（知的探究心を刺激する投げかけ）から始まり、まずは個人で情報収集、その後、グループディスカッションがあり、グループ内でだれの意見が最もいいのかを選び、クラス内でプレゼンテーションするという流れです。

これを日々の授業で繰り返し行うことで、多様な力が身につきます。また、「PBL型授業のなかで自分から学ぶ気持ちが育ち、達成感や幸福感を感じられるようになれば、授業が楽しくなるでしょうし、そうなれば、学校に行くこともより楽しくなると思います。生徒がそんな気持ちで日々を過ごせるようになってほしいとも願っています」と川上先生。

多様な生徒が集い学校の雰囲気も大きく変化中

学校の雰囲気も、共学化前とは大きく変わってきています。

「これまでは女子校として、きっちりとした校則のもとで、比較的おとなしめの雰囲気がありましたが、中学校には帰国生入試の生徒や、多数の男子生徒も入学してきて、かなり色々な背景を持った生徒たちで構成されるようになりました。さらに、一度サレジアン・シスターズの教育理念の根本に立ち返り、危険でない限り、できるだけ見守って寄り添うという考えのもとに、『安全であること』『自分を傷つけないこと』『他人を傷つけたり不快な思いをさせないこと』『反社会的な行為をしないこと』という4つの大きな方針を出し、それに基づいて自分で考えて行動しましょうということが示されました。生徒も教員もまだまだ試行錯誤中ですが、大人の側が禁止、強制、命令で教育をしない代わりに、生徒も自ら考えて行動するということが少しずつ根づいてきています」（川上先生）

1期生は学習意欲も高く、入学から半年が経った今、中学生とはいえ、すでに生徒が受け身で授業を受けるのではなく、自ら積極的に知識を習得し、周りとコミュニケーションを取って物事を進めていくという姿勢が育っているというサレジアン国際学園。次号では、PBL型授業や、本科クラス、インターナショナルクラスという特徴的な2つのコース制について、詳しく説明していきます。

学校情報〈共学校〉

所在地：東京都北区赤羽台4-2-14
アクセス：JR「赤羽駅」徒歩10分、地下鉄南北線・埼玉高速鉄道「赤羽岩淵駅」徒歩8分
TEL：03-3906-7551（入試広報部直通）
URL：https://www.salesian.international.seibi.ac.jp/

受験生対象イベント日程

入試傾向説明会
11月12日(土)午前、12月17日(土)午前、1月8日(日)午前

学校説明会
11月12日(土)午前、12月17日(土)午前、1月8日(日)午前

※社会情勢等により中止・変更の場合があります。詳細はHPでお知らせします。

城北（じょうほく）中学校・高等学校

それぞれの興味関心を自由に伸ばせる学校

広大な敷地を有し、充実した施設も整っている城北中学校。今回は藤井徹太さん（高2）、西野開洋さん（高2）、小椋絢介さん（中2）に、同校の魅力や3人が所属している生徒会本部での活動についてお話を伺いました。

今年9月、東京23区内最大級の人工芝グラウンドが完成

高校2年生
生徒会本部
西野 開洋（にしの かいよう）さん

高校2年生
生徒会本部生徒会長
藤井 徹太（ふじい てった）さん

中学2年生
生徒会本部
小椋 絢介（おぐら けんすけ）さん

緑豊かな落ち着いた環境で自分を高めていける

Q 城北中学校（以下、城北）を志望した理由を教えてください。

【西野さん】 自然豊かで広々とした敷地が特徴の学校です。ぼく自身、落ち着いた環境のなかで勉強したいという気持ちがあり、それがかなう場所だと思い志望しました。

【小椋さん】 城北に興味を持ったきっかけは、当時受験生だった兄といっしょに参加した学校説明会でした。長期休暇中の講習が豊富で、生徒1人ひとりに先生が真剣に向きあってくれるという話を聞き、この学校でなら成長できると思いました。

Q 好きな授業や行事はありますか。

【西野さん】 英語と社会の授業がきっかけで、外国の文化に興味を持ち、高1の3学期にターム留学の制度を利用してカナダに留学しました。慣れない土地で3カ月暮らすということで、出発前は不安が大きかったです。しかし、思いきって行ってみたらとても楽しく、いい経験ができました。意思疎通に難しさを感じる瞬間も、「とにかく話してみよう」という姿勢で乗り越えました。自分自身を「よくやった！」とほめてあげたいです（笑）。

【藤井さん】 ぼくは文化祭が好きです。部活動の活動成果を発表できる場ですし、それに興味を持って見にきてくれる外部の方も多いです。昨年、ぼくたちが所属する生徒会本部では、オンラインライブを企画しました。多くの生徒が参加してくれて、ぼく自身も軽音楽部の生徒とバンドを組んで演奏しました。部活動や委員会が違っても、同じ「音楽好き」としていっしょにステージに立てたのがすごく感慨深かったです。そういった意味で、文化祭は外部の方だけでなく、友だちに向けても「自分はこんなことができる」ということを発表できるいい機会だと思います。

生徒会本部の活動で城北をさらにいい学校へ

Q 生徒会本部ではどんな活動や取り組みを行っているのでしょうか。

【藤井さん】 今年度の生徒会本部の公約は、「学校のシステムを大幅に変えよう」です。生徒側から率先して「この校則はこう改善したらいいんじゃないか」と意思表明できるシステムを作りたいと考えています。

Q 校則について、生徒側から具体的な意見は出ましたか。

【藤井さん】「部活動の試合の日は部活着で会場に行きたい」という意見が出ました。いまは校則の関係で、制服を着て会場に行かなければなら

ず、「土日に試合があると、月曜日までに制服の洗濯が間に合わない」「公共施設での試合だと着替えるスペースがない」などの問題がありました。まずは現状を把握するため、各部活動の顧問の先生に「部活着を作っているか」「作っている場合、費用にどれほどかかったか」「作っていない場合、部活着で会場に行けるようになったら作りたいか」などのアンケートを取りました。その結果をふまえて、校長先生との話しあいの機会を設けていただき、お互いの妥協点を探っている状況です。

【小椋さん】生徒側の意見も詳しく聞くために、全校生徒を対象にしたアンケートも行いました。オンライン上にフォームを作成し回答をお願いしたのですが、生徒会の活動自体にあまり興味を持ってもらえていなかったので、なかなか数が集まらず苦戦して……。全校生徒は約2000人ですが、回答は400件ほどしか集まりませんでした。

【西野さん】生徒会の活動について知ってもらうために、いまはInstagramでの活動報告にも力を入れています。投稿用の写真も自分たちで撮っているんですよ。これから投稿数を増やしていき、将来的には多くの方に、フォローしていただけるようになりたいです(笑)。

興味を引き出す授業と豊富な施設が魅力

Q 受験生に伝えたい城北のいいところはなんですか。

【小椋さん】自分が城北を受験するきっかけにもなった「先生が生徒1人ひとりに優しく、丁寧に教えてくれるところ」です。英語が苦手でよく職員室に質問しに行くのですが、先生たちは解説はもちろん、「じゃあこの問題はどう?」と理解度に合わせて追加で問題を出してくれます。生徒が授業に合わせるのではなく、先生が生徒に合わせてくれるのは、すごくありがたいです。

【西野さん】城北生は個性があっておもしろい人が多いです。自分の興味を引き出してくれる授業があり、いっしょに頑張っていける友だちがいるので、それぞれが自由に個性を伸ばせます。そんな場所で勉強できる幸せがここにはあると思います。

【藤井さん】城北の一番の魅力は、施設が充実している点です。広い人工芝グラウンド、柔道場、剣道場、屋内温水プール、iRoom※、理科の実験室が8教室など、多様な施設が整っています。だからこそ、色々な部が活躍できたり、授業では高度な実験を行うことができたりします。西野くんが言う「個性を伸ばせる環境」の理由はここにあると思っています。

◇

生徒会本部で精力的に活動する3人。生徒が主体となって学校をよりよい場所に変えていきたい、という強い思いを感じました。3人は最後に受験生へのメッセージとして、「大切なのは『どこに入るか』ではなく『なにをやるか』です。どんな学校でも、みなさん次第でそれぞれが一番と思える学校生活を送れるはずです。ぜひ、いまから中学校での生活を楽しみにしていてほしいです」と笑顔で語ってくれました。

生徒会本部の活動

校則などの改革案について、校長先生・教頭先生に提案したときの写真。

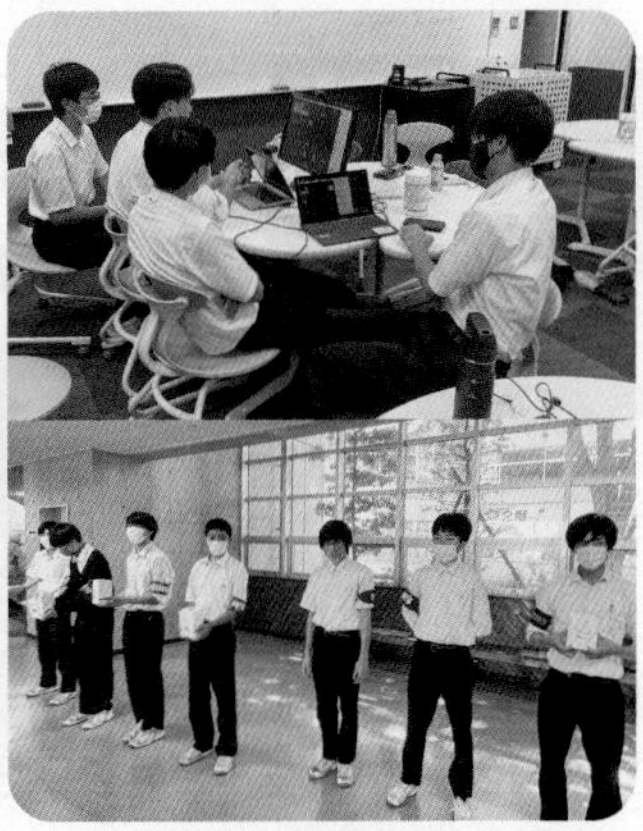

ウクライナ人道危機救援金募金を行うなど、日々積極的に活動しています。

学校生活

47もの部活動があり、多くの生徒が放課後は部活動に打ち込んでいます。

中３全員と高１の音楽選択者はヴァイオリンの授業が必修です。

School Information〈男子校〉

所在地：東京都板橋区東新町2-28-1
アクセス：東武東上線「上板橋駅」徒歩10分、地下鉄有楽町線・副都心線「小竹向原駅」徒歩20分
ＴＥＬ：03-3956-3157
ＵＲＬ：https://www.johoku.ac.jp/

学校説明会
11月５日(土)　11月19日(土)
12月10日(土)

入試説明会
11月23日(水祝)　12月４日(日)

施設見学ツアー
11月12日(土)　11月26日(土)
12月24日(土)　12月25日(日)

※上記はすべて要予約

※グループワーク用の設備と高度なICTを備えたアクティブラーニング専用教室

ようこそ

サクセス12図書館へ

小学生のみなさんにおすすめの本を紹介するコーナー。
本が好きな子も苦手な子も楽しんで読める本を探してきました。
自分に合った本を見つけて読んでみてください。

きみが読んでみたいのは、“どの本”だろう?

「その本は」

●著：又吉　直樹
　著：ヨシタケ　シンスケ
●1,650円（税込）
●ポプラ社

「世界中の本の話が聞きたい」という王様の命令で、珍しい本を探す旅に出た二人の男。帰ってきた男たちは、次々に王様に見つけた本の話をします。「その本は……」。
へんてこな本、ステキな本、胸がキュッとする本。芥川賞作家の又吉直樹さんと絵本作家のヨシタケシンスケさんによる、ふしぎな“本”のお話。

秋の夜長、夜空を見上げて星空観察

「星座の見つけ方と神話がわかる 星空図鑑」

● 著：永田　美絵
　写真：八板　康麿
●1,100円（税込）
●成美堂出版

夜空になにげなく光るあの星が、実はみんなも知っている星座の一部だったり、その星座には神話や物語があったりすることを知っていますか？　星をよく観察すると、それぞれの大きさや明るさ、色味が違うことがわかるはずです。「星はなぜ光るの？」「流れ星が流れるのはなんで？」そんな星の疑問や、季節によって見られる星座の探し方、惑星や宇宙の不思議議をかわいいイラストや美しい写真で解説。

誰もがみんな、
宿命と戦い、宿命と生きる。

「精霊の守り人 「守り人」シリーズ」

●著：上橋菜穂子
●693円（税込）
●新潮文庫

新ヨゴ皇国の第二皇子・チャグムの体に、精霊の卵が宿ったという。次々にチャグムを襲う、父帝が放った〈狩人〉や異界の魔物たち。チャグムを守るため、女用心棒のバルサはその身を挺して戦い続ける──。国のため、大切な人のため、自分のために、自分はどう生きるべきか。敵も味方も、宿命と向き合いながら未来のために戦い大きく成長を遂げる、痛快冒険ストーリー！

あの武将もあの政治家も、
きっと読んでいたはず。

身近な野菜に
もっと愛着がわく

「けなげな野菜図鑑」

●監：稲垣　栄洋
　絵：ヒダカ　ナオト
●1,650 円（税込）
●株式会社　エクスナレッジ

「メロンの模様は実は傷」「キャベツは人によって丸くさせられた」「ジャガイモは火あぶりの刑になったことがある」といった、思わずせつなくなる野菜のエピソードを愛らしいイラストで紹介。実はすごい多種多様な野菜の生きざま＆エピソードを読めば、野菜を見る目が変わり、苦手な野菜も食べたくなるかも!?

「論語　ビギナーズ・クラシックス　中国の古典」

●　著　：加地　伸行
　イラスト：谷口　広樹
●792 円（税込）
●KADOKAWA／角川ソフィア文庫

今から約2,500年前の中国に、孔子（こうし）という一人の“先生”がいました。『論語』は、孔子の言葉や孔子と弟子たちの問答をまとめた本です。「知者（ちしゃ）は惑（まど）わず、仁者（じんしゃ）は憂（うれ）えず、勇者（ゆうしゃ）は懼（おそ）れず」――。わかりやすい現代語訳つきの本書で、中国の古典に初挑戦！「学に志す」君たちに、2,500年前の“先生”は何を教えてくれるでしょうか。

夜明けは
いつか必ずやってくる

「夜明けをつれてくる犬」

●　著　：吉田　桃子
　イラスト：Naffy
●1,540 円（税込）
●講談社

人前でうまくお話ができない美咲。いつも困ったときによりそってくれていた愛犬・レオンが亡くなってしまい、たくさんの悩みを抱えたまま小学校5年生になってしまった。ある日、通学路のお花屋さんでレオンにそっくりの犬と出会ってから、美咲の気持ちに少しずつ変化が……。
さわやかな感動を呼ぶ物語。

全部見つけられるか
チャレンジ！

低学年の方に
おすすめ

「I SPY 3　ミッケ！ クリスマス」

●写真：ウォルター・ウィック
　文：ジーン・マルゾーロ
　訳：糸井重里
●1,496 円（税込）
●小学館

子（こ）どもから大人（おとな）まで夢中（むちゅう）になって遊（あそ）べる大（だい）ベストセラーの「ミッケ！」シリーズ。「ミッケ！クリスマス」は、クリスマスをテーマにしたかわいらしい写真（しゃしん）の中（なか）から、かくれているものを探（さが）して遊（あそ）ぶゲームブックです。
探すものは、クリスマスアイテムだけじゃない。あれも、これも、こんなものまで！　次（つぎ）から次へと、お題（だい）がつまっています。

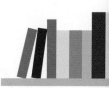

打たれ強い子・弱い子、どこが違うの？

学校で先生が生徒を叱ったときにすぐにシュンとしてしまう子とあまり気にせず平気でいる子がいます。ダメ出しや批判に対して、強い子と弱い子がいるのです。この違いはどこにあるのでしょうか。親としては、自分の子があまりに弱いと心配です。臨床心理士の的場永紋さんに、打たれ強い子と打たれ弱い子はどこが違うのか聞いてみました。

イラスト／宮野耕治

的場永紋
まとば・えいもん
臨床心理士、公認心理士。心のサポートオフィス代表。東京都スクールカウンセラー、埼玉県の総合病院小児科・発達支援センター勤務ののち、心のサポートオフィスを開設。子どもから大人まで幅広く心理支援を行っている。
［心のサポートオフィス］
https://kokoronosupport.com/
LINE ID:@408kdsdd

批判に対してある程度強くなっておくのは必要

子どもは成長過程で、親や先生から認められ、ほめられるだけでなく、ときには叱られたり、説教されたりします。

友達や同級生からも、批判やダメ出しをされたり、悪口や嫌みを言われることがあるでしょう。

人からネガティブな言動を全く受けないで生きていくことはありません。批判やダメ出しをされる度に過度に傷つき、感情的に反応してしまうと、生きづらくなってしまいます。

大人になり社会に出ても、間違いを指摘されたり、批判されることはたくさんあります。大人になるまでに、批判に対してある程度、

「人から受け入れられている」という感覚が

ない子は 打たれ弱い

ある子は 打たれ強い

打たれ強さ ≠ メンタルの強さ

打たれ強くなっておくのは必要なことだと思います。

　人からの批判に対して打たれ強い子は、周囲からの批判やダメ出しに対して、ほどよく「良い加減」に受け止めることができています。聞き流したり、あるいは、半分は受け入れ、残りはスルーするなど、バランス良く受け止めていくことができるのです。

　一方、打たれ弱い子は、周囲からの批判を１００%受け止めてしまいます。例えば、先生がクラス全体に対して注意したことや、他の子を叱責したことに対しても、自分の事として正面から受け止めてしまったりするのです。批判されたり、怒られることへの恐れから、常に緊張状態になったり、批判されないように過剰に周囲に合わせてしまうことで、疲れ果ててしまうこともあります。

　批判やダメ出しによって傷つかないためには、「人から受け入れられている」という感覚を持っていることが必要です。打たれ強い子は、この感覚をたくさん味わっています。

　「自分を大切に思ってくれている」「自分の存在を認め、味方になってくれる」「自分が弱っているときに受け止めてくれる」「困ったときに助けてくれる」、そういった存在をまわりに持っているのです。自分が「人に受け入れられている存在である」と感じることができると、それが心の守りになります。たとえ批判を受けて、一時的に落ち込んだとしても、受け入れられているという感覚をベースにして回復することができるのです。そして、批判やダメ出しを、感情に流されず冷静に受け止めて、その批判に対して適切な対応もできるのです。

　逆に、「受け入れられている」という感覚を十分に味わえていない場合には、批判やダメ出しに対して弱くなってしまいます。批判されると、すぐに自分はやはり「人から受け入れられない存在だ」と感じてしまうのです。そして、人からの評価に敏感になり、疑心暗鬼になれば、他者からの言動を悪い方に受け取る傾向に陥ってしまいます。

　また心に余裕を持って生活できているかどうかも、打たれ強くなるためには大切なことです。リラックスしたり、自分の好きなことができる時間があり、心に余裕がある状態だと、批判やダメ出しを

子どもの重荷を取り除いてあげよう

受けたとしても、耐えることができます。

しかし、すべきことに追われて、遊びのない、多忙な生活になってしまっていると、心に余裕がなくなっていきます。ストレスや疲労感が募れば、誰もが打たれ弱くなってしまいます。打たれ弱い子は、周囲からの期待感やプレッシャー、義務感などをたくさん背負ってしまっている場合があります。さらに、それに応えられないときに、申し訳なさや罪悪感を抱いてしまう子もいるのです。

安心して親に弱音を吐くことができる関係を

自分の子が打たれ弱い子だったなら、まず、親自身が子どもを評価ばかりしていないか、見直してみることが必要でしょう。良かれと思って、子どもを怒りすぎてはいないでしょうか。とくに、親自身が子育てに対して責任感やプレッシャー、心配が強くあったり、子どもに過度な期待をしている場合には、親が子どもを何とかしてあげないといけないと考えがちです。ありのままを受け入れるというよりは、子どもをコントロールしようとして、ダメ出しが多くなってしまいます。

批判やダメ出しばかりにさらされていると、子どもは「批判」や「ダメ」の重みに押しつぶされてしまいます。他者からの批判が自己評価の全てになってしまうのです。批判されると、それがそのまま自己非難へと変わり、自分で自分を責めて苦しむことになってしまいます。

親は子どもに「ダメ」の重荷を与えないことはもちろん、子どもが抱えている「批判」や「ダメ」という重荷を取り除くように接してあげてください。

責任感や完璧主義が強く、生真面目すぎる子の場合には、「良い加減」「適当さ」を学べるように、親が手を抜くお手本を示すことも良いでしょう。

心に余裕が持てるよう、環境を整えてあげることも大切な親の役割です。

子ども自身が、親から受け入れられていると感じているかどうかも、ときどき振り返る必要があります。子どもが安心して親に弱音を吐くことができる関係を目指してみてください。

子どもに「批判されたくらいで泣かないの」「もっと打たれ強くなりなさい」などと直接、打たれ強さを求めてしまうと、子どもは弱

子どもを伸ばす子育てのヒント
CASE 51

子どもの内面をしっかり見てあげよう

音を吐けなくなってしまいます。打たれ強く育ってほしいからと、子どもが弱音を吐いた時に、叱ったり喝を入れたりする必要はないのです。「弱音を吐く＝打たれ弱いこと」というわけでもなければ、「弱音を吐かない＝たくましい、いいこと」というわけでもありません。むしろ、安心できる相手に弱音を吐き、ネガティブな感情を表出することができることで、心に余裕が生まれます。それが結果として、打たれ強さにつながっていくのです。

打たれ強さや弱さはその時の状態で流動的

一方で、表面的には打たれ強いように見える子が、実は内面に弱さを隠している場合もあります。とくに、「強くあらねばならない」「弱音を吐いてはいけない」「人に頼らず自分でやらなければいけない」などと考えている子は、不安なことがあって、悩んでいたり、苦しんでいたとしても、それを訴えることができません。強がりで隠してしまうのです。そういう子は、悩みや苦しみが慢性的に蓄積されたときに、メンタルヘルスを悪化させてしまうことがあります。他者からの批判やダメ出しに打たれ強いからといって、メンタルが強い（メンタルヘルスを悪化させることがない）とは限らないのです。

メンタルヘルスを健康に保つ上で大切なことは、打たれ強さではなく、自分の中の弱点、打たれ弱い部分を知っていることです。自分の弱さを認め、それを受け入れていることが大切なのです。自分の弱さを受け入れているからこそ、自分の弱った心の状態に気づきやすくなります。そして、ストレスや疲れが溜まったとき、心にダメージを負ったときに、自分の心の状態に気づき、心のエネルギーを回復することができるのです。そして、悩んだり困ったりしたときには、しっかりと人に助けを求めることができるのです。その結果、メンタルヘルスは不調に至らずに済むのです。

打たれ強い子の場合も、しっかりと弱音が吐けているかどうか、心の中に苦しさを溜め込んでいないかどうかを確認してあげることが大切です。

打たれ強さは、実際は、「打たれ強い子」や「打たれ弱い子」と性格のように固定したものではなく、「打たれ強くなっている状態」や「打たれ弱くなっている状態」のように、その時の状態を示す流動的なものです。また、一般的に思春期は、自意識過剰になり、同年代からのネガティブな言動に打たれ弱くなりやすい時期といえます。「打たれ強い子だから安心だ」と思うのではなく、打たれ弱い子と同じように、見守りつつ、いざというときには相談しやすい関係を築いておくことが大切です。

最後に、親自身が「人から受け入れられている」という感覚が希薄であったり、自己否定感が強かったりする場合には、子どもの評価を親が自分の評価のように感じてしまうことがあります。そして親自身がまるで自分の事のように落ち込んでしまうのです。そんな状態では、子どもに手をさしのべることなどできません。親自身が自己肯定の感覚を十分に抱ける環境にいるかどうかは、実は非常に重要なことです。親自身が打たれ弱い状態にあると気づいたら、まず、その状況を改善することが必要かもしれません。その上で、子どもに対しても余裕を持って寛容に接することができるようになるのです。

友達が
上から目線で批判したりダメ出し

「友達が上から目線で批判したりダメ出しをしてきます。その度に、気分が落ち込んでしまいます。」（小5男子）

アドバイス

気分が落ち込んでいる状態で、相手からのネガティブな言動を思い返すと、より一層ネガティブな感情にとらわれてしまいます。**まずは、気分転換になることをして、ポジティブな感情（喜び、楽しさなど）を取り戻しましょう。**そして、気分が落ち着いてから、相手が言ったことがそもそも当たっているのか、見当違いなことなのかを冷静に分析してみてください。その際、相手の言葉を一旦受け止めて、内容をよく眺めてみてください。

「今その人はこう言った」という事実は事実として受け止めることが必要です。ただし、相手の言った内容を「その通りだ」と受け入れるのではなく、あくまでも自分の手前でボールをキャッチするようなイメージで、自分から少し離して受け止めることです。**「受け止めること」と「受け入れること」は異なります。落ち込んでしまっているということは、相手の言葉をそのまま受け入れてしまっているのです。**すぐに相手の言動を受け入れるのではなく、その内容をまずはよく眺めてみることです。

子どもの本音

批判的な言葉でダメージを負わないために

3 相手の批判が的外れだったときの対応

批判が当たっていないときは、聞き流した方がいいのか、相手に対して否定した方がいいかを検討します。相手に誤解を与えている場合などは、批判に対して反論することも必要です。

4 批判されたショックが強い場合

今とらわれている相手や批判された場面ではなく、別の相手や別の場面を思い浮かべましょう。「肯定的に受け入れられている自分」を思い浮かべることで、心理的なダメージが緩和されます。

5 多様な人との関わり・居場所を持つ

人は、自分が関わっている人や場所によって、それぞれ異なる自分を発揮しています。広く浅い関係をたくさん持つことで、「ある人から批判されても、それが自分の全てではない」と思うことができます。

的場永紋先生の 親の悩み

親が子育てに悩んでいるとしたら、
子どもにも、不満や悩みがあります。
このコーナーではその親の悩みと
子どもの本音の両方に対して、
的場永紋先生が臨床心理士の立場から
アドバイスします。

兄弟が いつも競い争って、ケンカになります。どうしたらいいでしょうか。

アドバイス

スポーツやゲームなど、競争して勝ち負けを決めることは、生活の中でたくさんあります。競い合うことを楽しめている場合、そこには「どちらが勝っても、両者がそれに同意している」という前提があります。しかし、**試合やゲームではなく、日常の対人関係の中に競争が入り込んでしまうと、関係が悪化しやすいものです。とくに、きょうだいでライバル関係になってしまうと、喧嘩に発展することが多くなってしまいます。**どちらが優位に立てるかを、すべてのことで競い合ってしまうのです。

競争の反対は、人と人との協力です。兄弟で喧嘩を減らし、仲良くしたいと思う場合には、競争ではなく、協力し合うことが必要だということについて話し合ってみてください。よく喧嘩していても、喧嘩の度に仲直りできていて、別にそれでお互いに困っているわけではない場合もあります。その場合は、親が心配し過ぎる必要はないでしょう。

もし、お互いに改善したいのであれば、協力関係を築くための条件をお互いに守り、心がけていくことが必要になります。例えば、馬鹿にしたり、あおったりすることで、自分の欲求を満たそうとしないことです。**自分の欲求を満たすために、力を使うこと（暴力、悪口、脅す、無視するなど）をやめるということも、両者で同意し守っていかなければいけません。**

また、協力的な関係を確立し、それを維持するには、お互いの欲求がほどよく満たされていることも大切です。どちらかに強い不満がある場合、それを相手にぶつけてしまいます。ですから、生活の中で不満が強くなっていないかを確認してあげると良いと思います。

1 人はそれぞれ違う現実を生きているという認識をもつ

批判やダメ出しはその人にとっての現実であり、あくまでもその人の主観的なものです。批判を受けた際には、「この人にはこう見えるんだ」と捉えることが大切です。

2 相手の批判が当たっていても、どうするかを決めるのは自分

もし批判が当たっていたとしても、自分がこのままでいいと思っていれば、そのままでいいのです。その批判をもとに問題を解決するのかどうかを決めるのは、自分です。

を育む方法

生きていけば誰もが困難にぶつかります。
その逆境に負けないためには、
ダメージを受けても回復する力が必要です。
回復力がすなわち、強さといえます。
この逆境から回復する強さを育むには
どうすればいいか、
このシリーズでは考えていきます。

文／齋藤修司　臨床心理士、公認心理師。
都内にカウセリングルームを持っている
イラスト／土田菜摘

6 上手に「セルフコントロール」しよう

ものの見方により良くも悪くも

今回のテーマは「セルフコントロール」です。このセルフコントロールのうまさこそが、強さにつながるのです。

「出来杉英才」この名前を見て皆さんは何をイメージしますか。ドラえもんのキャラの一人で頭がいい、スポーツも万能、なんでもできる、きっと様々な印象をお持ちだと思います。あるいは、名前が違うな、と思った方はおられますか。さすがですね、「出来杉」ではなく「出木杉」です。よくある間違いなのですが、彼が出来過ぎるためか、あまり違和感がありません。

まあ、出木杉はあらゆることが得意ですね、ご承知のとおり学業はいつも100点、85点を取ったことを自分への戒めとして忘れないほどです。30点とって褒められるのび太とは全然違いますよね。

また、運動もゲームも得意で、彼曰くゲームは簡単すぎてすぐに飽きてしまうほどです。『出木杉にも苦手を作れ』の回では「テスト」「ボール」が怖くなるのですが、(運と)実力で克服してしまうなど、まさに非の打ちどころのない少年です。

そうした出木杉の数々の特徴の中で、筆者が特に太鼓判を押したいのがどんな時でも冷静でいる「セルフコントロールのうまさ」です。彼の冷静さは異常ですね、本当に小学生なのでしょうか(笑)。

『真夜中の電話魔』の回では万年クラス2位のガリベン君が、連日夜中に匿名で「お前なんか死んじまえ」と電話してきます。卑劣な手を使われ成績が下がるのですが、発覚したとき恨み言も言わず、「もうしないなら」と許します。

セルフコントロールが上手であれば、感情にとらわれずに課題に目が向きますね。「もうしないなら」と許して勉強した方が、成績は元に戻るでしょう。まさに回復力が発揮されています。

また、イライラしたときに相手への怒りをストレートに表現していたら、困ったときに相手は助けてくれるでしょうか?前回に強さを生むものとして取り上げた「人とのつながり」を維持するためにも、セルフコントロールは重要です。

でもうちの子は穏やかな性格じゃないから無理、そう思う方もいるでしょう。たしかに性格も関係あるでしょうね。ただ、カウンセラー目線から見るとそれだけではないのです。

イギリスの喜劇王チャップリンの言葉「人生はクローズアップで見れば悲劇だが、ロングショットで見れば喜劇」をご存じでしょう

様々な経験を積む

≫

多様な見方ができる

＝

セルフコントロールが容易に

ドラえもんでわかる

子どもの強さ

か?色々と解釈されていますが、「ものの見方によって良くも悪くも感じる」という意味だと私は思います。

人は、色々な場面で否定的な感情を感じますね。たとえば前方から知り合いが歩いてきたときに挨拶をしたら素通りされた、「無視された」と怒りや不快を感じるでしょう。しかし、同じ場面でも「無視された?それとも、私の声が小さかった?」であれば、怒りとともに恥ずかしさも感じるかもしれませんね。先ほどと何が違うかというと、一つの物事に対する捉え方の数が違うのです。

ゲームも趣味もスポーツもやる

私自身の話なのですが、先日、宿題をせずマリオカートをしているわが子を見て「やるべきことをしてない」と怒りを感じました。しかし、プレイを見て不覚にも「…うまいな」とも思いました。すると、不思議と怒りが減りました。

特定の見方は特定の感情に繋がります。「やるべきことをしてない」が怒り、「うまいな」は感心に繋がります。怒りと感心が並列すると干渉し会って怒りは減ります。複数の見方、相反する見方がセルフコントロールを容易にするのです。

『真夜中の電話魔』で、出木杉は「卑劣だ」と不快だったでしょう。一方「こんな時間まで起きて大変でしょ」とも言っており、「バカだなあ」と哀れむ気持ちもあったのです。相反する見方が、セルフコントロールを容易にしたのですね。

見方を増やすには様々な立場を経験することです。人は結局、経験しないと立場を理解できないところがありますね、私がゲームを「うまいな」と思ったのは、まだスーパーファミコンだったころのマリカーをやっていたからです。そのため、複雑化した現代のマリカーをうまくプレイする息子を見て、「よくまあすいすいと運転できるな」となったわけです。

出木杉は、ゲームも趣味もスポーツも幅広く行い多くの立場を経験しています。さらに、様々な学習を通じて「物事の異なる側面」について知識を得ることで、多様な見方を獲得しているため、セルフコントロールが容易なのです。

子どもが落ち着いた性格ではなくても、多様な見方ができるよういろいろな活動を奨励しましょう。ゲームといった奨励しにくいものでも、勝ったり負けたり、迷ったら調べたりと様々な立場を経験します。それがいいのです。

また、親の経験に子どもを誘ってください。楽しいことはゲームだけではないな、という経験自体が「違ったものの見方があるかも」との考えに繋がります。

親自身も、「忘れ物ばかりして」と怒りを感じたら、「でも、なんとかしてくるんだよな」と違う見方を試みてください。子どもは自分が多様な見方をされると、不思議と子ども自身も多様な見方をするものです。

また、子どもと関わる際には親の見方を押しつけず、「君の見方も分かる、でも、こういう考え方もできるかも」と提示してください。そうした係わりの蓄積が子どもの視野を広げ、セルフコントロールを容易にします。少しずつ、試してみてください。

子育ての参考書

本番に強い子は生活習慣のここが違っている

子育てに役立ちそうな本を紹介するコーナー、今回、取り上げたのは『本番に強い子になる自律神経の整え方』です。「うちの子は本番に弱くて」と心配している親御さんがいらっしゃると思います。この本番での弱さには、自律神経の乱れが関係しているのだそうです。自律神経は生活習慣を変えることで、整えることができます。この本では、そのための方法が解説されています。

イラスト／the rocket gold star

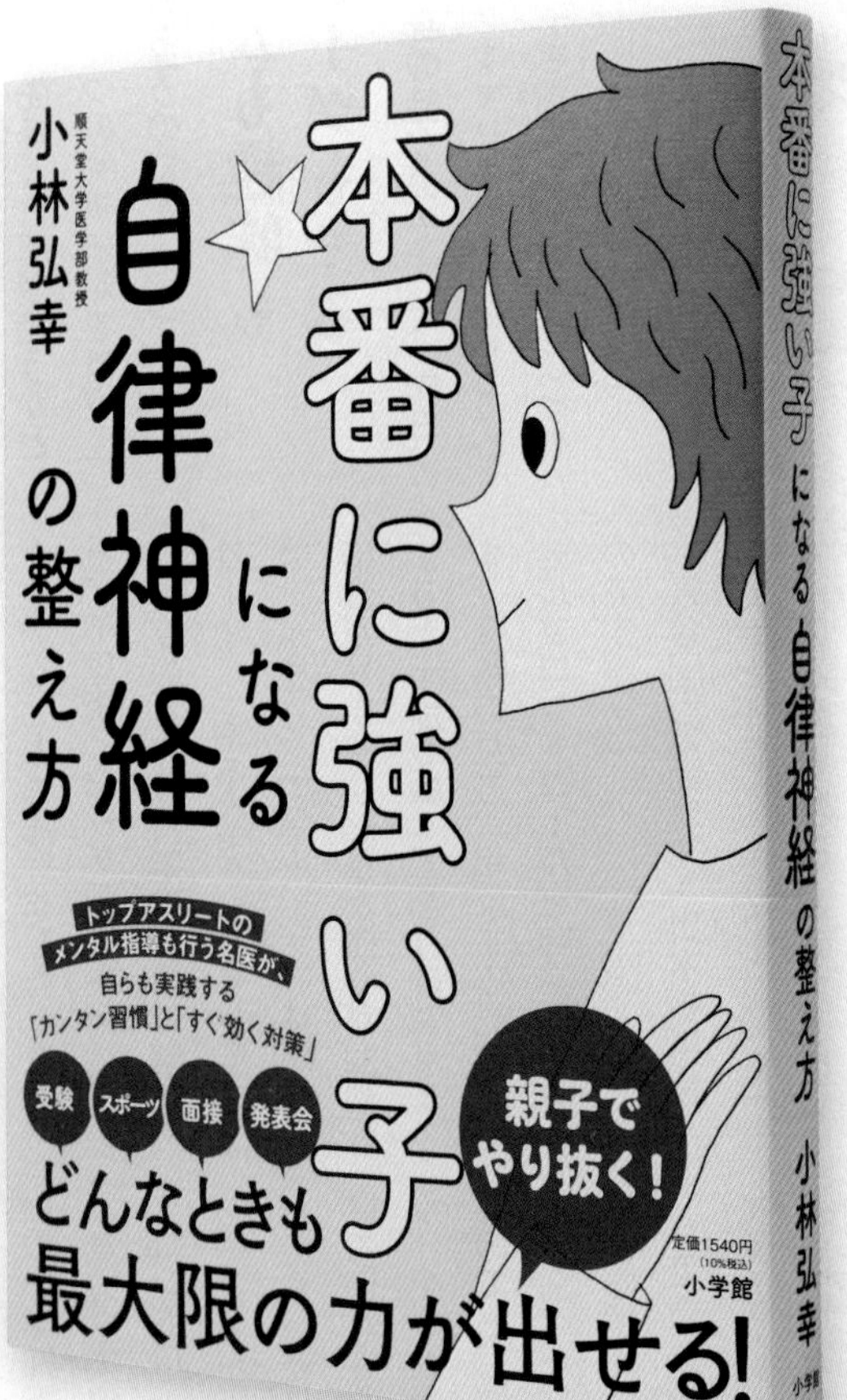

小学館 発行
定価：本体1400円(税別)

小林弘幸　こばやし・ひろゆき

順天堂大学医学部教授。日本スポーツ協会公認スポーツドクター。自律神経研究の第一人者として、トップアスリートやアーティスト、文化人に対してコンディション調整やパフォーマンス向上の指導を行っている。腸内環境のスペシャリストとしても知られ、健康な体と心をつくるためのさまざまな方法を提案している。

自律神経が乱れると緊張して失敗する

テストやスポーツの大会、発表会などで緊張しすぎて失敗してしまうということが、よくあります。この失敗は、自律神経の乱れによるものだと、この本の筆者の小林先生は言います。また自律神経の乱れは日頃の生活の不調にも影響しているのだといいます。

コロナ感染予防のための様々な自粛は大人にも子どもにもストレスのある生活を強いることになりました。これによりうつ症状が出たりと、人々のメンタルが危機にさらされています。いわゆるコロナ不調におちいる人が少なくありません。この状態を回復させるためにも、自律神経を整えることは重要だと、小林先生は語っています。

では、具体的にはどのようなことに気を付けることで、自律神経を整えることができるのでしょうか。

小林先生が最初にあげているのが、「少しずつこまめに水を飲む」ということです。えっ、そんなことが重要なの、と意外な気がしますが、緊張したときに人は水を飲もうとします。これが自然な反応だというのです。水を飲むと、胃腸が刺激されて副交感神経が活発になります。それにより、気持ちがリラックスに向かうというのです。

人は交感神経が高まると集中力が生まれます。しかし、交感神経ばかりが強く働けば、緊張しすぎて実力を発揮できません。交感神経と副交感神経のバランスをうまく保つことにより、リラックスした状態で本番に臨めるのです。

水をこまめに飲むことによって、自律神経が整えられるというのです。1日1、5リットルを目安に飲むようにします。がぶがぶ飲むのではなく、少しずつこまめに飲むようにします。子どもが外出するときには、水筒やペットボトルを持たせて、1時間ごとぐらいに飲むように言ってください。喉がかわいてなくても飲む癖をつけたほうがいいといいます。

生活習慣の改善プラス「肺活」「腸活」も重要

次にあげられているのが「毎日ゆっくり湯船につかる」ということです。大人はお風呂の時間を楽しむ人が多いですが、子どもにとってもそれが大事だということが忘れられがちです。子どもの1日の緊張と疲れもお風呂で取り除いてあげましょう。このほか「毎朝の排便タイムを確保する」「帰宅後すぐに片付ける」「翌朝の準備は前の晩にする」といった生活習慣の大事さが説明されています。

こうした生活習慣の改善とは別に、この本で重視して語られているのが、「肺活」と「腸活」です。「肺活」とは呼吸法のことです。肺を鍛えることにより、普段から深い呼吸ができるようになり、自律神経が整っていくのです。「腸活」は腸内環境をよくすることです。腸と自律神経は密接に関係していて、腸内環境が悪化すれば、自律神経も乱れてしまいます。

呼吸は吸うことよりも、吐くことの方が重要です。しっかり息を吐けば、たくさん息を吸えて、呼吸が深くなります。この本では「1：2呼吸法」を提唱しています。3、4秒かけて鼻から息を吸い、その2倍の6、8秒かけて口から息を吐きます。これを行うことで、深い呼吸が身につきます。

腸内環境をよくするのは、ヨーグルトが有効です。ただし、どの種類がいいかは人によるので、本当に自分に合うヨーグルトを見つけることが大切です。そこで、2週間ほど同じヨーグルトを食べ続け、便の状態がよくなるかチェックします。良くなれば、合っているのです。「肺活」「腸活」について、このほかの方法についても解説されています。

さらに、「自律神経を整える簡単ストレッチ」や、「いざというときの『即効術』」についても語られています。ストレッチは隙間時間にサッと動いて、「気持ちいい」と感じたらOKなのだそうです。『即効術』はやっぱり水を飲むことだそうです。ゆっくり水を飲めば、緊張を解いてくれる力があります。

このほか、様々に具体的な方法が詰まった本なので、どこから読んでもためになります。

親子で
ココロとカラダに効く呼吸法

Vol. 34

「オジギソウのポーズ」で脳を活性化させよう！

「オジギソウのポーズ」は、疲れたと感じるとき、
リフレッシュをしたいときに、いつでも取り入れて欲しいポーズです。
頭を下げると脳に血液が行き渡り、
脳の活動の活性効果も期待できます。

●カラダへの効果

脚と背骨が十分にストレッチされるため無理なくカラダがほぐれます。また、胃腸の調子を整える作用も期待できます。

●ココロへの効果

脳・目・首の血流が良くなると、緊張が取れます。ストレスが減ることで集中力が高まります。

教えてくれたのは

畑中麻貴子先生

ヨガインストラクター＆ライター。ヨガや太極拳、気功、ソマティックスなボディワーク、セラピー、食など東西のさまざまな学びを通じ、いかに自分の身体と仲よくなり、本来持っている「健やかさ」を培っていくのかを探求中。
https://instagram.com/asamakico

写真／米田由香（ぬくもりフォト）

バランスを取りながら、5回呼吸

❶ 両足を大きく開いて立ちます。
❷ 両手を両足の付け根に置き、吸う息で背筋をピンと伸ばして、吐く息で上半身を前に倒します。上半身はマットと並行までで止めて、5回呼吸します。

前屈は姿勢良く、できるだけ足をしっかり伸ばして

ポーズ完成！

足の間から、ひっくり返った、「後ろの風景」を眺めてみよう！

足が安定していたら、両手を両足の間におろしてみましょう。頭のてっぺんを真下に向け、上半身の力をぬいて、自分の「後ろの風景」を眺めます。ここでも5回呼吸。

子どもたちは今　保健室より

自分を傷つけながら SOSを発する子どもたち

**保健室は子どもたちにとって大切な居場所です。
そこでは、担任の先生や親の前とは違った顔を見せてくれます。
子どもたちの今を、保健室よりお伝えします。**

文／五十嵐 彩・いがらし あや　東京都内の公立小学校で養護教諭
イラスト／ふじわら かずえ

わざと自分で皮を剥いたり 定規で傷口を傷つけたり

保健室で、子どもの自傷行為に気づいたり、子ども自身や保護者から相談されたりすることがあります。小学生で自傷行為と聞くと驚くでしょうし、今回紹介する子どもの行為は一見「自傷行為というには大げさでは？」と思うかもしれません。しかし、**意識、無意識にかかわらず、子どもたちは自分を傷つけながらSOSを発していることがあります。**

２年生のマサキは乾燥肌で年中手が荒れています。担任から「手荒れがひどくて、教科書にもノートにも血がついてしまう」と相談がありました。保健室にやってきたマサキの手はひび割れて所々出血しています。そこから数日おきに保健室を訪れるマサキの手を見て違和感を感じました。マサキの手は明らかに皮膚がめくれ上がりかさぶたになっていたり、ささくれから出血したりして悪化しているのです。「もしかして…？」と思い、マサキに尋ねると「わざと自分で皮を剥いたり、定規で傷口を再び傷つけたりしている」ということがわかりました。

３年生の果歩が発熱したため、保護者に連絡をしました。すぐに母親が迎えに来てくれることになったので「すぐ来てくれるって。よかったね」と頭を撫でた時に髪の毛の一部が極端に薄くなっている箇所があることに気がつきました。

来室した母親を保健室の外の廊下に連れ出して、果歩の頭髪のことを尋ねました。母親は「え？」と全く気づいていない様子です。髪は自分で抜いている可能性があるということを説明し、果歩がベッドから起きる際に母親が頭髪が抜けているのを確認しました。

母親が私の目を見てコクと頷いて「あれ？髪の毛どうしたの？」と果歩に尋ねました。果歩は「え？知らないよ。気づいたらこうなってたよ」ととぼけます。母親は「もしかして自分で抜いちゃった？ママ、果歩の髪の毛がこんなになっているなんて気づかなかったよ。ごめんね」と果歩を抱きしめました。果歩はポロポロと泣き出して「気になって触っているうちに自分で抜いちゃった」と話し出しました。

注意すると赤ちゃんのように わんわん泣いてしまう

数日して果歩の母親から電話がありました。「先生、果歩は多分『抜毛症』というものだと思います。あれから果歩の行為が気になってしまって、髪に手をやるときつく注意していたんです。でも、注意すると赤ちゃんのようにわんわん泣くんです。髪は元に戻るのだろうかとネットで調べているうちに『抜毛症』のことを知りました。ストレスが原因なこともあるって書いてあって。でも果歩のストレスになっているものをいくら考えても、果歩の生活にはないんですよ。学校も毎日楽しいといって通っています。じゃあなんであんなに泣くのかって、私が果歩を注意しているからなのかもしれないって思ったら、私自身の言葉が今の果歩にはストレスなんじゃないかと気づいたんです」

そのように淡々と話す母親に、私の方がこみ上げてくるものがあり、声をつまらせながら相槌を打ちました。同時に保健室で「ごめんね」と言った母親が自分を責めて傷ついているのではないかとも思いました。でも彼女は、「果歩のありのままを受け止めようと思いました。髪はきっと元に戻るから気にしない、それよりも果歩を叱らないことで居心地がよい空間を作りたいなって思っているんです」 と前向きに話してくれたので、安心しました。

他にも、出血するまで爪噛みや爪剥きをしてしまう子、まつ毛やまゆ毛を自分で抜いてしまう子、コンパスや定規で腕を傷つける子など、これまで何人もの気になる子どもに出会って来ました。

単なる癖かな？で済ませず、自分でわざとからだを傷つける行為は大小にかかわらずSOSなのかもしれないと考えてしっかり受け止めていきたいと思っています。

子どもたちの名前は仮名です。個人が特定できないように事実関係に手を加えている場合があります

ココロの
Interview
96

山西惇
［俳優］

人生って一直線なものではない なんにでも興味を持っていってほしい

20年以上の歴史を誇る刑事ドラマ「相棒」で、警視庁の課長役を演じている山西惇さん。
決め台詞の「ヒマか？」が有名だけど、ふだんの山西さんはとても忙しい。
なぜなら山西さん、4人の子どもの父。1番上が中学1年生、1番下が小学2年生。
にぎやかな4人との日々を語る山西さん。きょうだい喧嘩の話もとても楽しい。
そして京都大学工学部で学んだ人らしく、論理的。
〝量子力学的な人間観〟なども飛び出して――。

文／矢部万紀子

子どもがみんな「個」が強い 4人が全員、負けたくない

4人、子どもがいます。47歳の時に生まれた長女が中1、次が男の子で小5、次女が小3、三女が小2。僕は妹がいて2人きょうだいですが、奥さんは4人きょうだいで、順番は違いますが女3人、男1人なんです。

1人生まれて「きょうだい、欲しいね」、次に「2人より3人いたら面白いかな」って、そんな感じで気づけば4人。3人いれば社会ができるとよく言いますが、まさにそうで、正直喧嘩が絶えません。

何かを決める時、じゃんけんだと「末っ子は基本グー」ってバレてるんで、あみだくじをするようにしているんです。それでも頭を使って何とかしようとする子がいて、それで一悶着起きたりとか。全員負けたくなくて、マウントの取り合いです。よく飽きもせず、同じようなことで喧嘩するなって感心しますよね。

僕もスタイリストだった奥さんも好きなことを仕事にしてきたので、なるべく子どもにもそうなってほしくて、興味関心を抑え込むようなことはしないようにしてます。「まず自分で考えてみなよ」が基本。そうすると「個」が強い子どもになります。人に対する気遣いのようなものとのバランスが難しくなるんです。

「個」と「人への気遣い」を両立させないと、世の中うまくいきませんよね。ただそういうことを親が杓子定規に言うよりも遊ぶ中で気づけばいいなと思って、時間がある時はみんなでカードゲームをしたりします。ゲームで勝敗がついた後、負けた相手をどう思うか。そういうことが大切なので。

長女はとにかくダンスが好き。幼

児向けのテレビ番組を見て踊っているのを見て、地元のダンスサークルの体験レッスンに連れて行ったのが始まりで、今はクラシックバレエ、ジャズダンス、ヒップホップ、タップダンス、全部やっています。地元の公立中学で一番緩いと評判の部に入って、一応部活もしてますが、ダンスが週に8回。好きこそものの上手なれと言いますが、好きという原動力はすごく大事だと思います。

クラシックバレエだけは遅く始めました。「すべてのダンスの基礎だから」と自分で決めて、幼稚園生と同じクラスから。発表会も小さい子と一緒ですが気にもせず、踊れるのがうれしいって。両親ともめちゃくちゃ体が硬いんで、バレリーナに向いているとは思いません（笑）。でも妹2人も習い、サッカーをしている息子も始めて、4人でダンスしてます。

僕はテレビっ子でしたね。「ウルトラマン」「仮面ライダー」「8時だよ全員集合」「ゲバゲバ90分」と、テレビが大好きでした。集中して見ないと嫌で、「うるさい」とか家族に言いながら真剣に見てました。勉強はラジオ聴きながらでしたけど。

「食うぐらいなんとかなるで」先輩の一言で芝居一本に

中高一貫の私学に行き、京都大学工学部を卒業しました。理系に進んだのは親父が建築家で、母方の叔父2人が京大工学部だったので、何となくって感覚でしたね。母方の祖父が教師でしたが、産まれたての僕を抱っこした時、「この子はどこの大学行くんかな」って言ったそうです。お袋に聞いたのですが、そんな流れがあったのかもしれませんね。

建築家になりたくて京大受験では建築科を第一志望にしました。2次試験の初日、数学が全然できませんでした。何を聞いているかさえわからない状態で、これはもう絶対ダメだと2日目の英語と理科はやけくそで受けたら、第二志望の石油化学科に合格。周りから「来年受けても建築科に受かるとは限らない」と言われ、自分でも「これが限界かな」って気持ちもあって決めました。

合格した解放感から「好きなことをやるぞ」って気分がわいてきて、いろいろなサークルを見てまわりました。そこで出会ったのが「劇団そとばこまち」。辰巳琢郎さんたちが京大で立ち上げた演劇サークルです。

高校の文化祭でオリジナルコントを友だちとつくって、ワーワーやってたんです。そとばこまちを見た時、高校で面白がってしてたことをものすごく完成度高くやってる人たちがいるって感動して、それがこの道への第一歩。建築科に合格していたら建築家になっていたかもしれないから、わからないものですね。

工学部で教わったこと 芝居とは何の関係もない でも考え方の基本に

卒業して石油化学系の会社に就職しました。好きなことを仕事にしたら好きじゃなくなるのではという思いが強くて、芝居と仕事、二足の草鞋を履きました。仕事を終えて、兵庫から車で京都に行って、終電後まで稽古と打ち合わせして、帰って出勤。そんな暮らしを3年8ヶ月しました。芝居一本に絞ったのは、劇団の先輩の生瀬勝久さんの一言です。体力的にもつらくなってきて相談したら、「食うぐらい、何とかなるで」と。実際に何とかなってる人でしたから説得力があって、2度とない人生だから挑戦してみようかなと思いました。生瀬さんは「俺、そんなこと言ったかな」って話してますけど。

回り道の経験がある分、子どもたちには好きなことをしてほしいとも思います。同時に迷ったことも無駄ではなかったという気もしています。工学部で教わったことは芝居とは何の関係もないですが、考え方の基本になってたりするんです。人と人との関係を量子力学で考えたり。

説明しますと、ものって熱力学的に安定している所に必ずいきます。整然としているより雑然としている方がエネルギー状態が低く、つまり放っておくと必ずものはエントロピーが増大して雑然とする。それがエントロピーの法則です。

逆に言うと、整然とさせるにはエネルギーがいる。これはもうまさに人と人の関係で、夫婦も努力しないとエントロピーが増大してしまう。というような話を夫婦でもしますし、俳優の小林薫さんにもしたら、すごく感心されましたね。

長女が産まれた時、旅公演の最中で1週間会えなかったんです。1週間後にやっと病院に行って初めて抱っこした時、夜で周りに誰もいなくなる瞬間があって。そうしたら娘が突然、すごく泣き出して。全く経験がないことだし、他に誰もいない。「すっごく泣いてるんですけど」と戸惑うばかりで、何をしたらいいのかわからない。そのうちに「はい、わかった、もう泣きたいだけ泣け」って思ったんです。そうしたら、ピタッと泣き止みました。ああ、こういうことかもって思いました。子ど

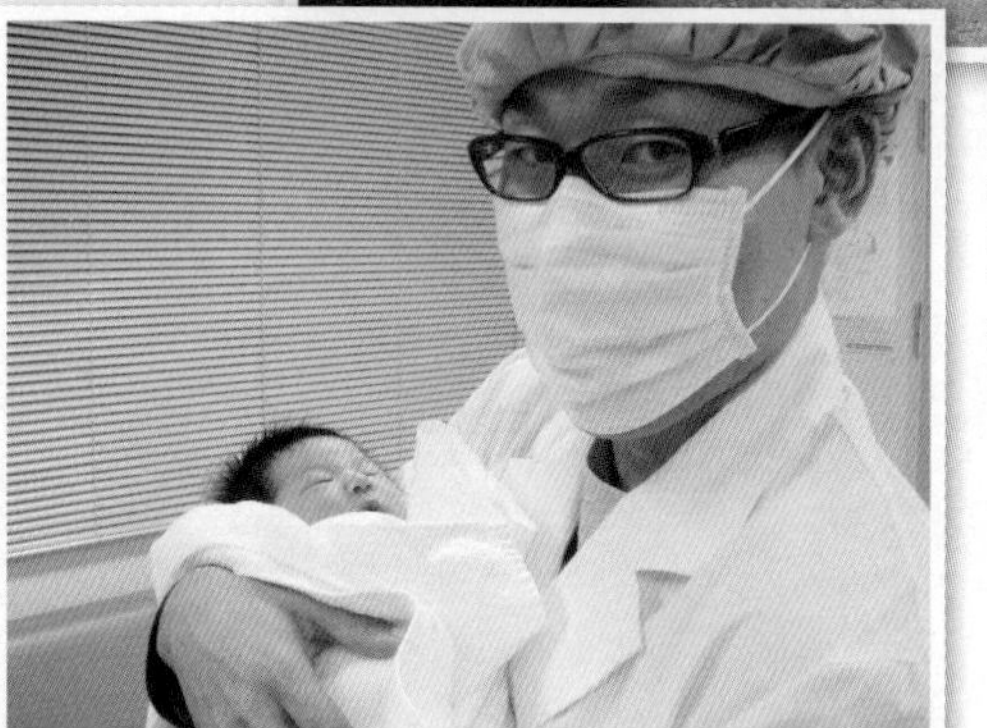

上／2021年4月。末っ子が小学校入学、4人とも小学生になった記念に仲良く通学する様子を撮影
下／長女を初めて抱っこした時。泣きに泣いて、泣き止んだ後。詳しくは本文で

もとの向き合い方っていうか、なんというか。そのことは、今でもよく思い出しますね。

子どもたちに言いたいのは とりあえず仲良くしようよ

2番目が男の子ですけど、女の子3人対男の子1人なんで、泣かされっぱなしです。末っ子にさえ泣かされてますもん。だから男同士、慰め合うというか、時々バッティングセンターに行きたがるんで2人で行くんです。別にどうってことない話をするだけですが、うれしそうですね。

男の子に限らず、1対1の時間はつくってあげようと思っています。僕だけじゃなく、お母さんとの時間も。2人で映画見たり、外食したり。なるべく偏らないように、順番に。

僕の職業のことは、不思議なんですけど全く特別だと思ってないみたいですね。毎年10月には刑事ドラマの「相棒」（テレビ朝日系）が始まることは知ってますし、舞台も見たいといえば見せるのですが、とにかく普通だと思っているらしく。習い事の送り迎えの車の中でDVDを見ることが多くて、少し前のドラマを見せたら「パパ、出てるじゃん」って反応でした。バレエの発表会に娘3人が出た時、化粧を手伝ったんです。その時は「よかった、パパがこういう仕事で」って、ちょっと長女に褒められました。

怒る時は怒ります。あんまり喧嘩してる時とか、ついカッとなったりして、よくないと思いますけど。子どもたちは、「怖い時は怖い父親」と思ってるんじゃないですかね。とっても理論的に説明しますから。

子どもって夢中で喧嘩しているうちに、原因なんて飛んじゃうんです。「何が気に入らなかったの、言ってごらん」と聞いても、答えられない。だから「わからないことで喧嘩してどうするの？」って言うと、「なんかにらんだ」とか、そんなぐらいなんですよ。そこで「にらんでなんかないよ」と言って、解きほぐす。この夏休み、家にいる日はずっと言ってました、「わかった、わかった、聞こう、理由を」って（笑）。

僕が言い過ぎたら奥さんがフォローして、奥さんが言いすぎたと思った時は僕がフォローして。そこは臨機応変ですね。その上でいま子どもたちに言いたいことは、「和を以て尊しとなす」という言葉を知ってるかい？　とりあえず仲良くしようよ、一緒に住んでるんだからさ、ですね。

どんな仕事についても 教養や生き方は問われる それがプロですから

人生って、一直線なものではないと思うんです。だから「自分はこう」と決めつけず、なんにでも興味を持って、いろんなことに深く入り込んでいってほしいと思っています。どんな仕事についたとしても、教養や生き方は問われます。それがプロですから。

左／5歳の頃。伊達メガネをかけているのは、角田課長への道？　右／大学生の頃。両親と初詣へ。両親の出会いも学生時代、劇団活動だったという。母は3年前、父は9年前に亡くなった

やまにし・あつし

1962年、京都市生まれ。京都大学在学中に劇団「そとばこまち」で活躍。卒業後は石油化学系の会社に勤務しながら劇団活動を続ける。3年8ヶ月で俳優1本に。「相棒」（テレビ朝日）は2001年放送のプレシーズン2から現在放送中のシーズン21まで、警視庁組織犯罪対策部薬物銃器対策課長・角田六郎役で出演。2020年、第27回読売演劇大賞優秀男優賞。出演映画「Dr.コトー診療所」が12月16日に公開される。

『相棒 season21』

毎週水曜よる9時放送（テレビ朝日系）

角田課長のベストにメガネは初登場以来、変わらない。「毎夏の衣装合わせは、（体型チェックの）試験みたいに思っています」と山西さん。season21は亀山薫（寺脇康文）が、主人公・杉下右京（水谷豊）の五代目相棒として14年ぶりに復帰。

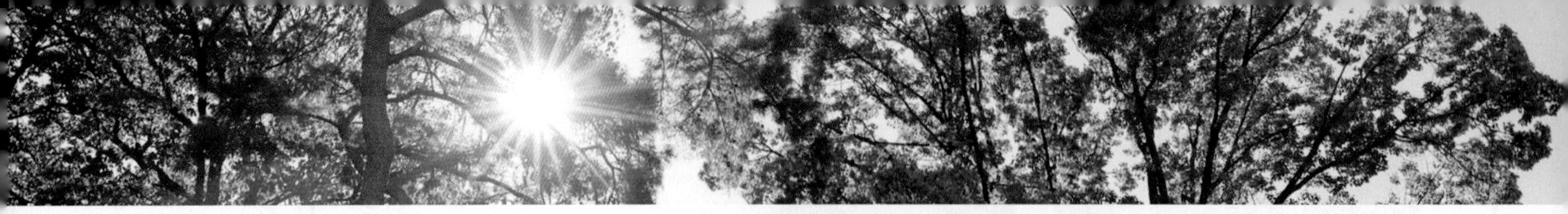

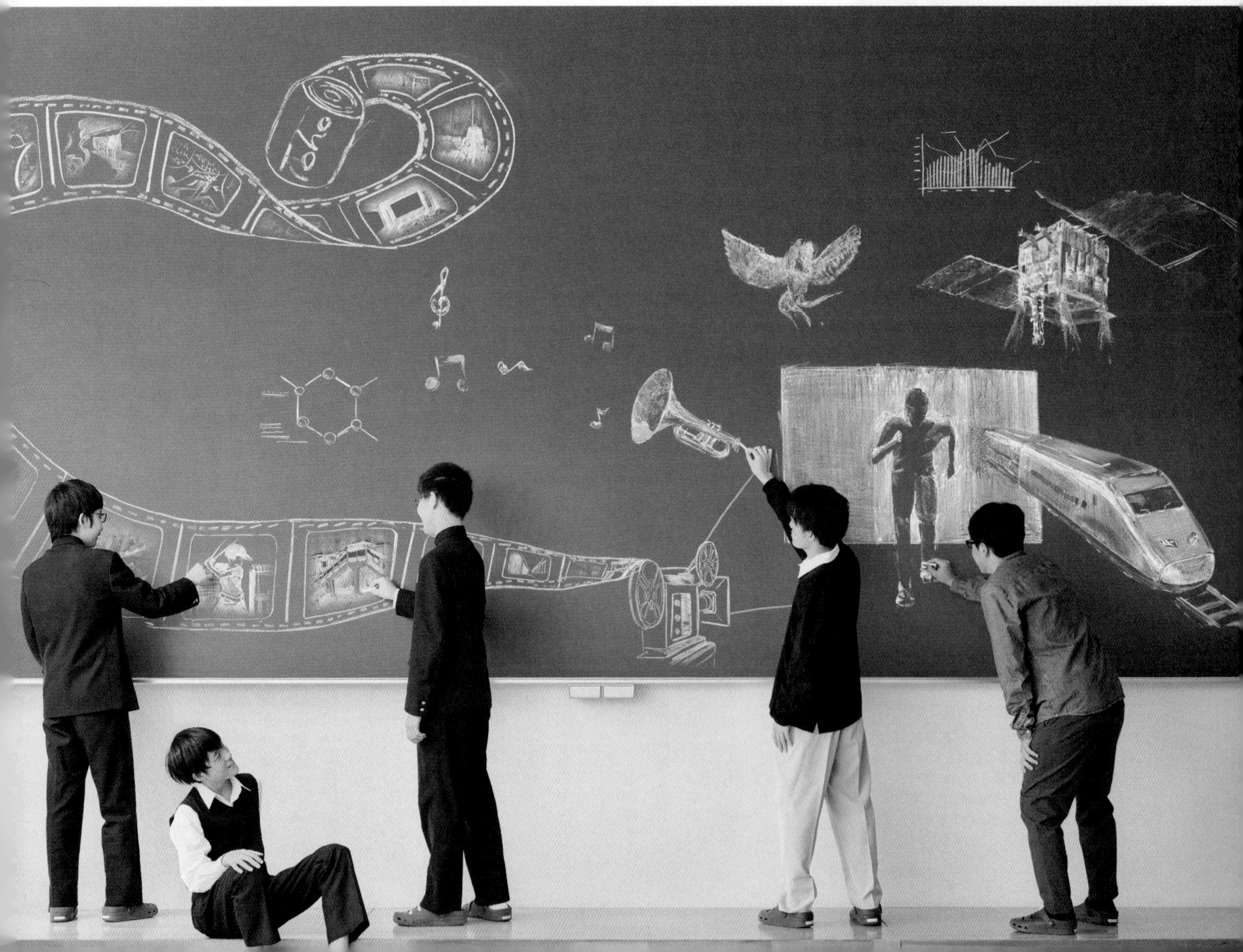

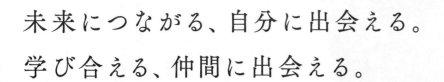

Ohyu Gakuen

ここは、未来への滑走路

学校説明会 10:00～11:00

【インターネット予約制】

- 10月29日(土)
- 11月15日(火)、18日(金)、19日(土)
- 2 月24日(金)、25日(土)

公開行事

【インターネット予約制】

入試対策講座[WEB]

- 12月 7 日(水)

受験会場見学会 9:30～16:00

- 12月11日(日)

2023 年度 入試概要

	第1回	第2回
試験日	2月1日	2月3日
募集人員	約180名	約40名
入試科目	国語・算数・社会・理科 各100点満点　合計400点満点	
出願方法	【インターネット出願のみ】	
出願期間	1月10日 0:00～ 1月29日24:00	1月10日 0:00～ 2月2日24:00
合格発表	2月2日	2月4日

鷗友学園女子中学高等学校

〒156-8551　東京都世田谷区宮坂1-5-30　TEL03-3420-0136　FAX03-3420-8782

https://www.ohyu.jp/

KOSEI DREAM
〜夢をかなえる、世界のステージで〜
過去3年間で英検1級10名、準1級102名合格！
2022年度 大学入試合格実績
● 国公立大 6名
● 早慶上智 28名
● GMARCH 37名
● 三大女子大 8名
2022年度 学校説明会等の日程
● 中学校説明会
11/5（土） 12/3（土） 1/14（土）
● 夜の入試個別相談会
11/9（水） 11/16（水）
● 適性検査型入試問題説明会&プレテスト
12/3（土） 1/14（土）
※上記日程はすべてWeb予約が必要です。
佼成学園女子中学高等学校
〒157-0064 東京都世田谷区給田2-1-1 Tel.03-3300-2351（代表） www.girls.kosei.ac.jp
【アクセス】京王線「千歳烏山駅」徒歩5分 小田急線「千歳船橋駅」から京王バス15分「南水無」下車

YASUDA GAKUEN

100th Anniversary
YASUDA GAKUEN since 1923

2023年度入学生から制服リニューアル

2022年大学合格実績 現役卒業生

国公立大学 51名　**最難関私大【早慶上理】 108名**

◉東京大学(3) ◉東京工業大学(1) ◉一橋大学(3) ◉東京外国語大学(3) ◉お茶の水女子大学(2)
◉大阪大学(1) ◉九州大学(2) ◉千葉大学(8) ◉神戸大学(2) ほか

大学合格実績の推移

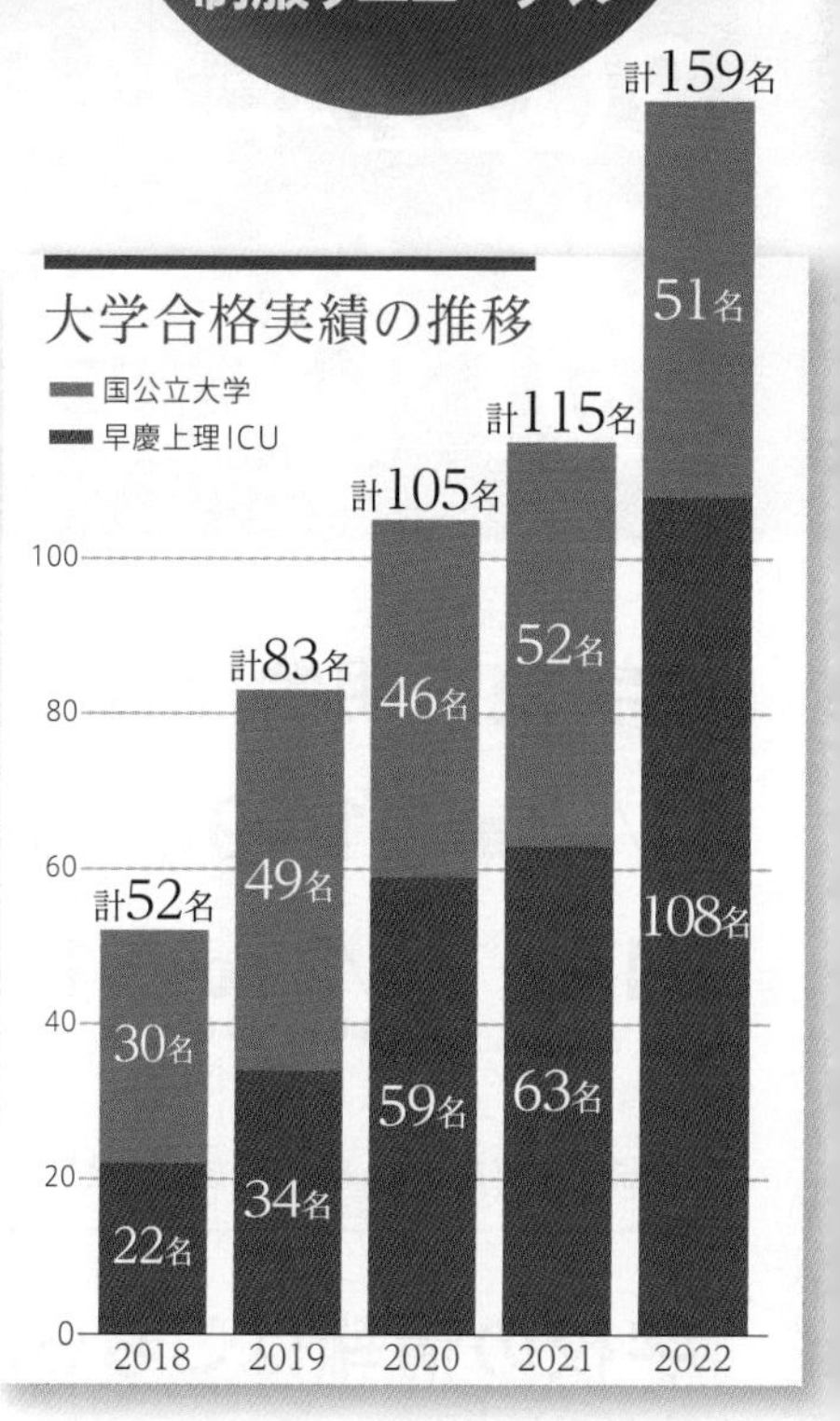

2023年度中学入試学校説明会

10月29日(土)9:00~/10:00~/14:30~
11月 3日(祝)9:00~/10:00~
11月13日(日)入試体験8:30~
12月 3日(土)
入試傾向と対策14:30~/15:50~
1月 7日(土)入試傾向と対策14:30~/15:50~

要予約・上履き不要
ご予約はこちらから
詳細はホームページをご覧ください

安田学園中学校 先進コース

【自学創造】自ら考え学び、創造的学力・人間力を身につけ、グローバル社会に貢献する

〒130-8615 東京都墨田区横網2-2-25 ▶JR総武線「両国駅」西口徒歩6分 ▶都営・大江戸線「両国駅」A1口徒歩3分 ▶都営・浅草線「蔵前駅」A1口徒歩10分
0120-501-528(入試広報直通) 安田学園 検索

あなたの力、他者のために。

この1校！

共立女子中学校

KYORITSU GIRLS' Junior High School

東京　千代田区　女子校

タイアップ記事

学校行事、復活へ

コロナ禍で中止や行き先変更を余儀なくされていた校外研修や宿泊行事ですが、今年度は細心の注意を払いつつ実施することができました。校外での活動は、やはり得がたい経験が詰まっています。その様子を各学年主任からのレポートでお届けします。

中学1年生 4月・校外オリエンテーション

恒例だった葛西臨海公園での校外オリエンテーションが3年ぶりに実施されました。朝、生徒が集合する時間帯は曇り空で肌寒く、上着が必要なほどでしたが、徐々に太陽も顔を覗かせ、気温も上昇し、お昼前には最高の天候になりました。生徒たちの気持ちが天に通じたのだと思います。

水族園が感染症対策で人数制限を設けた関係で、一度に全員が入場できないこともあり、4クラスずつ、水族園と臨海公園を入れ替える行程となりました。以前の水族園は大勢の見物客であふれ、にぎやかな雰囲気でしたが、今回は、雰囲気が一変し、静かで落ちついた状況で1つひとつの展示をゆっくり見学することができ、生徒達も大変有意義な時間を過ごせたようです。

かわいいペンギンたちに釘づけ！

臨海公園にある芝生の広場ではクラスごとに、ドッジボールや鬼ごっこで汗を流し、昼食もいただきました。開放感のある場所で爽やかな風を感じながら、生徒も教員も大いに楽しんでいる姿が印象に残りました。

参加者全員が楽しい時間を過ごせるように生徒同士が互いに協力し、1人ひとりがリーダーシップを発揮するという目標はおおむね達成できました。また、感染症対策を含めた様々な約束事も意識して行動できたように思います。

中学2年生 6月・蓼科宿泊研修

新型コロナウイルスの感染拡大によって2度も延期となってしまった蓼科研修旅行。中2での、そして6月の実施と異例の時期とはなりましたが、待ちにまった宿泊行事を実施することができました。車山のハイキングでは、例年と訪れる時期が異なるため、ニッコウキスゲなどの高山植物はほとんど見られなかったものの、天気に恵まれ青空のもと、マスクをしながらも新鮮な空気を思いっきり吸い込み、自然の大きさを感じとることができたようです。

美しく荘厳な松本城

2日目の牧場での体験学習では、恐るおそる牛に近づき乳を搾ったり、材料が入った容器を思いっきりシェイクしてバターを作ったり、教室では経験することのできない貴重な体験をしながら楽しんでいました。黙食など様々な制約があるなかでの旅行でしたが、旅行を通してまた一歩、共立生として成長することができたようです。

School data!

共立女子中学校

KYORITSU GIRLS' Junior High School

所 在 地■東京都千代田区一ツ橋2-2-1
アクセス■都営三田線・新宿線・地下鉄半蔵門線「神保町」徒歩3分、
地下鉄東西線「竹橋」徒歩5分、JR線「水道橋」・「御茶ノ水」徒歩15分
生 徒 数■女子のみ985名　電話■03-3237-2744

中学3年生 6月・関西修学旅行

「あと2分しかない！　間に合うか！　あっ、見えた、来たきた、早く乗って！」

なんとか新幹線のホームにたどり着いた遅刻の生徒にドキドキのスタートを切った修学旅行でした。

初日の明日香村のサイクリング自主研修では道に迷ったり、疲れて自転車を押したりしながらも笑顔が見られて一安心。

2日目の法隆寺から奈良公園までは、語り部のガイドさんに説明を受けながら、うなずいたり目を丸くしたりと、歴史の深さに感心する様子が見られました。唐招提寺僧房での昼食は柿の葉寿司。畳の上に一列に並んで正座しながらいただきました。

古代文化の香り豊かな明日香村をサイクリング

3日目は清水寺周辺散策と嵯峨野散策に分かれての班行動。清水坂や嵐山では、思い出とお土産でリュック一杯になったことでしょう。最終日のホテルの食事はビュッフェ形式。ローストビーフやフルーツ、ケーキなど好きなものを好きなだけ、お腹いっぱい食べていました。満足だったかな？

高校1年生 6月・TOKYO GLOBAL GATEWAY

TOKYO GLOBAL GATEWAY（以下TGG）は2018年に東京都教育委員会が参画してお台場に作った「英語で学ぶ体験型英語学習施設」です。以前国際交流部の企画で希望者だけで研修を実施したことがありますが、一昨年から高1の行事として設定されました。しかし新型コロナウイルスの感染拡大により2年間実施できず、今年度の高1が初めての実施になりました。

2日間通いで朝から16時頃まで1日4つのプログラムに取り組みます。8人グループに1名ネイティブのエージェントがつき、TGG内はずっとつきっきりで案内し、講師役も務めます。空港やキャンパスを模した「アトラクション・エリア」では、実際の旅行などのシチュエーションのなかで生きた英会話を学ぶことができました。生徒に人気だったのはニュース番組を作るプログラムで、キャスターやレポーターの役を楽しんでいました。

全体を通して、いきいきと英語を使って自分を表現しようとする生徒たちの姿が印象的でした。

高校2年生 6月・九州修学旅行

「無事に終わって良かったね」

眼鏡橋からハート♡　をお届け！

教員の誰もが口にした言葉です。コロナ禍での宿泊行事だったため、例年より1泊減らし、様々な制約もありましたが、発熱者は1人も出ず、全員で無事に帰京することができました。

初日、九州国立博物館・太宰府天満宮を訪れました。昼食は「合格弁当」を食べ、その後見学、参拝をして福岡を後にしました。お守りを買った生徒も多かったようです。

2日目は午前「平和学習」、午後「長崎市内班別自主見学」でした。被爆者の方による平和講話は、深く胸に突き刺さるようで、生徒たちも真剣に聞き入っていました。自主見学では路面電車を利用しながらの見学で、異国情緒溢れる空間を満喫することができました。

最終日、ハウステンボスでは美しい花々の歓迎を受け、半日楽しい時間を過ごすことができました。

3日間天気にも恵まれ、短い時間でしたが、生徒同士、そして教員と生徒たちの親睦も深まり、思い出に残る旅行となりました。

二松学舎大学附属柏中学校

2022年度よりコースを一新 さらに充実する探究学習

創立以来の伝統ある教育や、手厚い指導が人気の二松学舎大学附属柏中学校。今春から新たなコースがスタートし、探究力を鍛える教育にいっそう磨きをかけます。

きめ細かい学習フォローと伝統の論語教育

「人間力の向上」「学力の向上」という2つの柱を軸に、社会に貢献できる真の国際人を育てる二松学舎大学附属柏中学校（以下、二松学舎柏）。高い問題解決力を備え、他者から信頼される人材を輩出するため、生徒1人ひとりの成長を支える丁寧な指導が展開されています。

そんな二松学舎柏の魅力の1つは、日々の授業を基本に、学習サポートが充実していることです。

例えば「365ノート」は、内容を自ら考え、1日1ページ以上の自習をして毎日提出する家庭学習用ノートです。また、新聞のコラムを毎日3紙分チェックし、気になった記事をスクラップして感想を述べたものも定期的に提出。こうした学習の予定は生徒それぞれが手帳に記して管理するほか、各ノートは担任が必ず目を通してコメントを返します。

創立以来続く伝統の「論語教育」も特徴です。中国の思想家である孔子の言葉を記した『論語』を題材に、現代に通じる教えを学びます。毎朝、授業前の25分間が「モーニングレッスン」として、数学や英語のほか、論語を学ぶ時間に設定されています。

論語教育について島田達彦副校長先生は「論語には『三徳』という考え方があり、知・仁・勇の3つが重要とされています。なかには多様性を認めることの大切さを説く内容もあり、生徒たちは中高6年間を通してそうした教えを学んでいきます。

論語の考え方は個々を尊重する本校の教育に通じるところもあり、生徒の人間力向上を促す一助となっているのです」と話されます。

特色である探究学習がさらにパワーアップ

探究力が身につく 2つのコースが始動

そんな二松学舎柏では、2022

グローバル探究コース

ここがポイント！

NISHO GLOBAL PROJECT

プレゼンテーションプログラム
7限実施

特別体験プログラム

パワーアップイングリッシュプログラム

海外研修プログラム

４つのプログラムで構成される「NISHO GLOBAL PROJECT」を通じて異文化や多様な価値観を認める真のグローバルリーダーを育成します。主体的に学ぶ力や課題を発見し解決方法を考える「自問自答力」も養います。

総合探究コース

ここがポイント！

より高い目標を設定

主体的な学習態度を養成

自学自習習慣の定着

着実なステップアップを

自学自習習慣の定着を図るとともに、小テストなどを頻繁に実施することで、１人ひとりを丁寧にサポートします。基礎学力をしっかりと身につけられます。中３では海外修学旅行を実施。希望者を対象としたオーストラリア研修やセブ島語学研修も用意されています。

年度からコースを一新。探究力の育成を重視した2つのコースがスタートしました。

高度な学習内容に加え様々な国際教育に取り組める「グローバル探究コース」は、特色ある4つのプログラムを有しています。それが、「プレゼンテーションプログラム・7限実施」「特別体験プログラム」「パワーアップイングリッシュプログラム」「海外研修プログラム」です。6年間で最難関大学をめざせる学力だけでなく、グローバルリーダーとしての資質を育んでいきます。

一方「総合探究コース」は基礎学力をしっかりと身につけ、1人ひとりがより高い進路目標を掲げて努力できる環境を用意。小テストなどこまめなフォローアップで生徒の成長を支え、自ら学ぶ姿勢を養います。

「これら2コースが誕生した背景には、いままで取り組んできた探究学習を体系的に整理し、より強く打ち出していきたいという思いがあります」と島田副校長先生。中学では昨年度から、高校では今年度から始動した新学習指導要領下での学びをさらに充実させるべく、新たな体制を敷くこととなったのです。

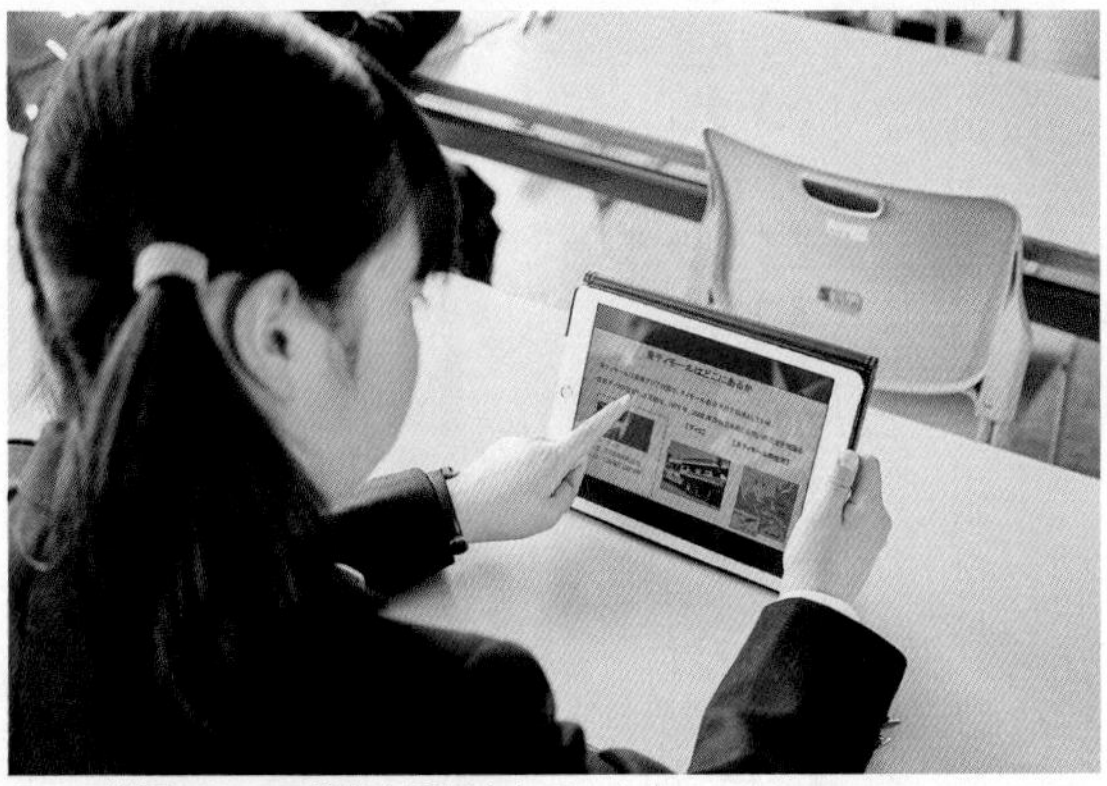
日々の学習ではICT機器も活用されています

「自問自答プログラム」で将来につながる力を育成

二松学舎柏独自の取り組みとして以前から行われている「自問自答プログラム」は、両コース共通で継続されます。これは、校舎近くの田んぼで田植えや稲刈りを体験する「田んぼの教室」や、入念な事前学習ののち京都・奈良に研修旅行で訪れる「古都の教室」など、6つの校外学習で構成されています。

中学校学年主任・森寿直先生は『自問自答プログラム』でテーマにしたことを高校でも探究し続け、大学入試で総合型選抜や学校推薦型選抜での合格につなげた生徒もいます。ここで培う記述力やプレゼンテーション能力が受験に活きる生徒も多く、進路指導やキャリア教育の一環となっているのが特徴的です」と話されます。

また、二松学舎大学キャンパスが併設されており、その施設が利用できるのも大きな魅力です。約15万冊の蔵書を持つ大学図書館や、2018年にリニューアルされた学生食堂が利用可能となっています。

きめ細かい学習指導や幅広い力が身につく様々なプログラムで、社会に出てからも活躍できる人材を育む二松学舎柏です。

学校説明会 要予約

11月３日（木祝） 9:30～11:00 ※1
11月12日（土） 14:00～15:30 ※1※2
11月23日（水祝） 9:30～11:00
12月３日（土） 14:00～15:30
12月17日（土） 14:00～15:30 ※2
1月７日（土） 14:00～15:30

※１ 別室にて「第一志望入試解説会」あり
※２ グローバル探究コースの説明が多い会

School Data〈共学校〉

所在地：千葉県柏市大井2590
アクセス：JR常磐線・東武野田線「柏駅」、東武野田線「新柏駅」、JR常磐線「我孫子駅」からスクールバス約15分。「北総線ルート」「新鎌ヶ谷ルート」も運行。
ＴＥＬ：04-7191-5242
ＵＲＬ：https://www.nishogakusha-kashiwa.ed.jp/

市営学校生物センターのスタッフと英語で交流する獨協生

ドイツでの見聞を通じて世界に目を向ける

獨協中学校

男子校

本物に触れる体験が成長のきっかけに

人間教育や環境教育に力を入れる獨協中学校（以下、獨協）。多彩な教育のなかでも、大きな特徴、そして魅力となっているのが、ドイツとの深いつながりを活かしたプログラムです。

獨協は獨逸学協会学校として設立されたことから、現在でも同国との交流が頻繁に行われています。『サクセス12』2022年7・8月号で紹介したようにPASCH※のパートナー校としての取り組みもその1つですが、今回お伝えするのは、中3～高2の希望者を対象とした同校オリジナルのドイツ研修旅行です。

入試室長の坂東広明教頭先生は「ドイツ研修旅行のテーマは持続可能社会について考えることです。ドイツは世界的な環境先進国で環境教育が盛んです。またヨーロッパで最も多くの移民や難民を受け入れている国でもあります。参加した生徒たちは、現地の方たちとともに、ほかの生物や文化的背景の異なる他者といかに共生・協働していくか、ということについて考えていきます」と話されます。

ドイツ研修旅行では毎年ハノーファーを訪れ、市営学校生物センターでドイツの環境教育を学びますが、同センターには様々な国から移住してきた方々が職員として勤めているそうです。研修ではそうした方々から直接話を聞く機会も持つようにしているといいます。

「日本にいると移民や難民についてのニュースを見聞きしたとしても、身近な問題としてとらえることは難しいかもしれません。その方が家族や知りあいを多く亡くしていること、ドイツにたどり着き現在の職を得るまでの道のり、いずれ祖国に帰り平和のために尽力したいという思いについて聞き、生徒は大きな衝撃を受けていました」（坂東教頭先生）

話の最後にはその方から「日本は僕ら難民のために、なにかをしてくれるだろうか」と問いかけられたそうです。答えを出すことはできなかったものの、生徒は帰国後もその問いについて真剣に思いをめぐらせていたようです。そしてこの経験をドイツ研修旅行に参加していない生徒とも共有し、みんなで考えるべきだと図書館で座談会を開きました。

「その場だけで終わらせず帰国後も生徒が自主的に、世界の課題と向きあっていたことが嬉しかったですね。教員の役割は正解を示すことではなく、彼らが自ら考え行動するきっかけを与えることなのだと改めて感じました。そこで大切なのは『本物を体験する』ことなのだと思います」と笑顔で話す坂東教頭先生。

このほか、ドイツ研修旅行では現地の学生と交流したり、ダッハウ強制収容所を訪ねたりと、多くの体験をします。その1つひとつが生徒を成長させているのでしょう。

ドイツでの経験をきっかけとして、世界的な課題に向きあう力が、獨協生のなかに生まれています。

School Information

所在地
東京都文京区関口3-8-1

アクセス
地下鉄有楽町線「護国寺駅」徒歩8分、地下鉄有楽町線「江戸川橋駅」徒歩10分、地下鉄副都心線「雑司が谷駅」徒歩16分

TEL
03-3943-3651

URL
https://www.dokkyo.ed.jp/

学校説明会 要予約
11月6日(日) 13:30～15:30
12月18日(日) 10:00～11:30
1月8日(日) 10:00～12:00

入試問題説明会 要予約
12月18日(日) 10:00～
オンデマンド配信
※実施の有無、内容はHPでご確認ください

※PASCH（パッシュ）…ドイツ外務省がドイツ語を教える学校を支援する取り組み

難関私立大学への合格実績を著しく伸ばした学校はどこか

早慶上理への合格実績を一気に伸ばした学校がある

本稿が読者のみなさんの目に触れるころといえば、受験校選びも佳境に入っている時期でしょうから、その指標になるようなことを述べていきたいと思います。

まずは著しく早慶上理（早稲田、慶應義塾、上智、東京理科）、各大学への合格実績を急進させた学校をみていきましょう。今春の入試結果では偏差値58のところにそういう学校が2校あります。

（※ここでの偏差値は四谷大塚の結果偏差値による）

その2校とは都立中高一貫校の南多摩と東洋英和女学院です。

前年の南多摩は卒業生に占める早慶上理合格者の割合が41・7％でした。今春はそれが75％になっています。33・3ポイントも伸ばしました。同じく偏差値58に名前がある東洋英和女学院は卒業生に占める割合は1％の違いの74・2％です。こちらも昨年差で22ポイントも伸ばしています。

次に大きく伸ばした学校は、偏差値52までのなかに2校あります。

高輪が昨年差で33・1ポイント伸ばし全体で75・5％。もう1つは東京都市大等々力で63・9％。昨年差で30・7ポイントも伸ばしています。

また偏差値49で湘南白百合学園が、昨年差19・8ポイント伸ばして46・5％と50％にあと1歩に迫りました。近辺には偏差値50の晃華学園が昨年並みの44・5％。また偏差値46の光塩女子学院が少し下降しましたが40・9％と40％台をキープしています。湘南白百合学園、晃華学園、光塩女子学院はカトリック女子中堅御三家といった様相を呈していますね。

ほかに伸ばした学校では、偏差値57の品川女子学院が昨年差で19・1ポイント伸ばして36・5％に。

これは周辺に偏差値54の大妻36・1％（昨年差4・9ポイントプラス）や偏差値50の富士見34・7％（昨年差3・1ポイントマイナス）があり、こちらは伝統女子中堅御三家といえるほどの頑張りです。

早慶上理の実績での比較でいうと、男子校では実績80％台を出している桐朋（84％）、逗子開成（82％）、暁星（82％）に続いて高輪が75％と急迫していてめだちます。

さきほどの女子の東洋英和女学院74％達成は偏差値50台後半の女子校としては孤高の実績で、横浜共立学園は59％、横浜雙葉53％ですから、東洋英和

森上展安の中学受験WATCHING

もりがみ・のぶやす　森上教育研究所所長。
受験をキーワードに幅広く教育問題を扱う。
保護者と受験のかかわりをサポートすべく「親のスキル研究会」主宰。
（文責／森上展安＆編集部）

女学院の実績が際立ちます。

前記したカトリック女子中堅御三家が40％台の実績で、この神奈川御三家ならぬ御二家（横浜共立学園、横浜雙葉）に迫っています。

前述の通り、共学校の東京都市大等々力は63・9％で、神奈川の公文国際学園（72％）、多摩の帝京大中（62％）などと互角ですが、こちらも共学校としては孤高の実績です。

多くの学校で数字が伸びた MARCHへの合格実績

さて、次に私立中高一貫校が進学先として得意とするMARCH（明治、青山学院、立教、中央、法政）、各大学の合格実績では、実績増加校が大変多い状況になりました。

すべてには触れられませんから、早慶上理で出てきた学校は除き、それ以外の学校でみていきます。

じつはここでも主たる伸長校は偏差値が50台そこそこから40台で登場します。いうまでもなくボリュームゾーンですから、ここで伸びている学校は成長株として認知されることになります。いいかえれば、これらの学校は次のステージ、つまり早慶上理実績の伸長を準備している学校と考えていいと思います。

まず卒業生の数に比して70～100％超がMARCHに合格と、高水準を達成した学校です。

女子校の山脇学園が昨年から14・6ポイント伸びて105％を達成。並んで共学校の宝仙学園共学部理数インターが、やはり前年から14・6ポイント増で104％を達成。

さらに超伸長させたのが大妻多摩で、なんと昨年より43ポイント伸ばして89％を達成したのです。千代田区の大妻が96％達成ですから急迫している格好です。山脇学園も都心ですし、大妻多摩の実績は多摩の女子校として周辺では孤高の実績です。前記した共学の宝仙学園共学部理数インターの実績もまさに共学では孤高の実績で、いずれも入口の偏差値が40～45というボリュームゾーンで成し遂げた実績です。

次いで卒業生のうちMARCH合格が50～80％台での伸長をみてみます。偏差値では50前後の学校になります。

女子校で偏差値51の田園調布学園が前年差39ポイント増で72％を達成。偏差値49の普連土学園も前年から36ポイント増で72％達成。また偏差値52の共立女子は昨年から23・4ポイント伸びて64・6％達成。

これらに対して偏差値54の恵泉女学園は56・7％で近接しています。また、ギリギリ50％にはおよばないですが大妻中野が昨年差25・8ポイント増で49・4％を達成して大金星をあげています。

もちろんこの偏差値40～50台の学校では、MARCH実績20～40％の実績校がひしめいています。

しかし、前記した50％以上の実績値を示した学校は、頭1つ飛び抜けているわけですから、そこにはなんらかの方法や秘策があるはずと考えたくなります。

一方、共学校では偏差値50の森村学園が昨年差29ポイント増で83％を達成。偏差値42ながら開智未来も前年差38ポイント増で74％を達成。桐蔭学園中等が前年差23・5ポイント増で57・6％、近辺の桜美林が前年から30ポイント増で55％を達成。偏差値45の桐光学園は3・4ポイント伸ばして72・8％を達成しているほか、偏差値51の青稜が前年と変わらず73・5％を維持。偏差値40～45の順天も70％、前年差5・7ポイントプラスで並んでいます。

東京の共学校は、隅田川の両岸にあるかたや偏差値56の開智日本橋学園が62％、対岸の偏差値44の安田学園が55％達成、また淑徳は53％達成、千葉の偏差値45、成田高付属が53・6％を達成しています。共学中堅中位の人気校の実績値がこのあたりにあるということとがわかります。

学校選びを目前にしても「長い目」でみる観点も大切

この雑誌が10月末にお手元に届くことを願いながら、以下書き添えます。

きっと間に合うと思いますが、10月29日（土）午後2時から1時間、NHK・Eテレで「TVシンポジウム」という番組があります。筆者がNPOの代表を務めるNPO学校支援協議会主催で「教育はなにを目指すのか　令和の日本型教育の展望と課題」というテーマで6月19日に実施した約2時間半の公開シンポジウムが編集されて放映される予定です。

コーディネーターに善本久子・鎌倉女子大学教授、パネリストに海城の中田大成先生、東京学芸大学の西村圭一教授、ドルトン東京学園の布村奈緒子先生、神田外語大学の宮内孝久学長、北鎌倉女子学園の柳沢幸雄学園長という顔ぶれです。

中教審答申にある個別最適な学びと協働的な学びをどう実現していくのか各校の実際の授業をVTRで視聴して議論していただきました。つまりこれからの教育はなにをめざそうとしているのか、その中期的な観点に立って教育のいまを考えるシンポジウムです。

この雑誌が届いた翌日くらいの放映日ですから、間に合うかどうかギリギリのタイミングですね。

本稿で見た今日、明日の大学進学実績に関する話も大事ですが、もう少し中期的な視点も必要と考える方も多いと思います。

このTVシンポジウムでは、今回も含めて過去5回、同様の視点から考えました。

最多出場のパネラー・柳沢先生（前開成校長）はハーバード大学で指導された方ですから、やはり視点や発言がクリアで啓発される事柄が多くあります。このたびも数々の印象的なコメントを発せられています。

教育的な課題はどのあたりにあるのかも、ほかのパネラーの方が深く考えて提示されていますから、ぜひこの機会に視聴してみてください。

元に戻って今回は早慶上理とMARCH実績を中心にみてきました。

ところでこの早慶上理実績は30％も伸ばしていた学校があった反面、じつは伸長させた学校は数校にとどまりました。多くの私学は現状維持かやや減少でした。ただそれがコロナによるものなのかどうか。学習指導要領が新課程での入試になった初年度ですから芳しいとはいえない状況です。

今後、大学入学共通テストには数B・数Cも一部範囲に入りますから、シンポジウムでも取り上げられた、数学をどう学ぶのかも重要なテーマです。

「長い目」でみる中期の観点を持ちながら、短期の観点つまり目前の学校選びを考えること。難しいことかもしれませんが、大切な考え方だと思います。

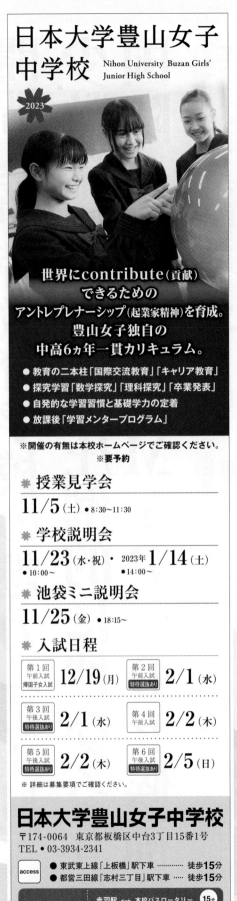

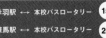

開智望中等教育学校の魅力【第4回】

少数精鋭だから圧倒的に伸びる6年間。国際バカロレアMYP・DP候補校

開智望中等教育学校（以下、開智望）では、次の世代でグローバルに活躍する人材となる受験生を募集します。次では自分の強みや専門分野に合わせて個々の力を発揮できる、開智望の特色ある多様な入試についてご紹介します。

探究と国際バカロレアを融合した最新の教育

開智望の教育の特色は、開智学園が20年以上前から行っている「探究学習」と「難関大学進学教育」に、国際バカロレアの教育を融合した21世紀型教育を推進していることです。未来の学力といわれる創造力や思考力、コミュニケーション力を育成するために、授業やフィールドワークを舞台に探究を行います。この探究では、疑問発見、仮説設定、調査や観察、実験、仮説の検証や証明、そして自分たちで考察するという「探究のサイクル」を重視しています。

大学入学共通テストに出題されるようになった、実社会と関連した問題などにも対応できるよう、教科の内容を自分達の生活や文脈に基づいて理解したり、教科と教科を関連させながら学習する教科横断型学習を展開したりしているのも開智望の魅力の1つです。日々の学びにつながりと実感を持つことで、知識や技能など基礎的な面だけでなく、それを活用したり新しい考えに発展させたりすることができるようになります。

縦50m×横50mの大体育館

難関大学進学教育にも注力

開智望では、大学受験で通用する学力、さらにその先の人生の礎になる学びの力を獲得することをめざしています。そのなかでも特に力を注いでいるのが、英語学習です。卒業までの5年間で生徒は、授業、講習、家庭学習で２５００時間以上英語を学びます。授業では、ネイティブ教員による実践的な英語コミュニケーションを経験したり、英語以外の授業で英語を使って発表したりします。

また、開智系列校が築き上げてきた難関大学志望者向けの「探究型志望校対策講座」も実施する予定です。この講座は、高校2年生、3年生を対象としたもので、授業とは別に放課後2時間から3時間、毎日無料で行うものです。系列校ではほとんどの生徒が予備校に行かず、東京大学をはじめとした難関大学に合格しています。開智望ではこのような系列校の経験と蓄積を存分に活用し、生徒の夢を応援します。

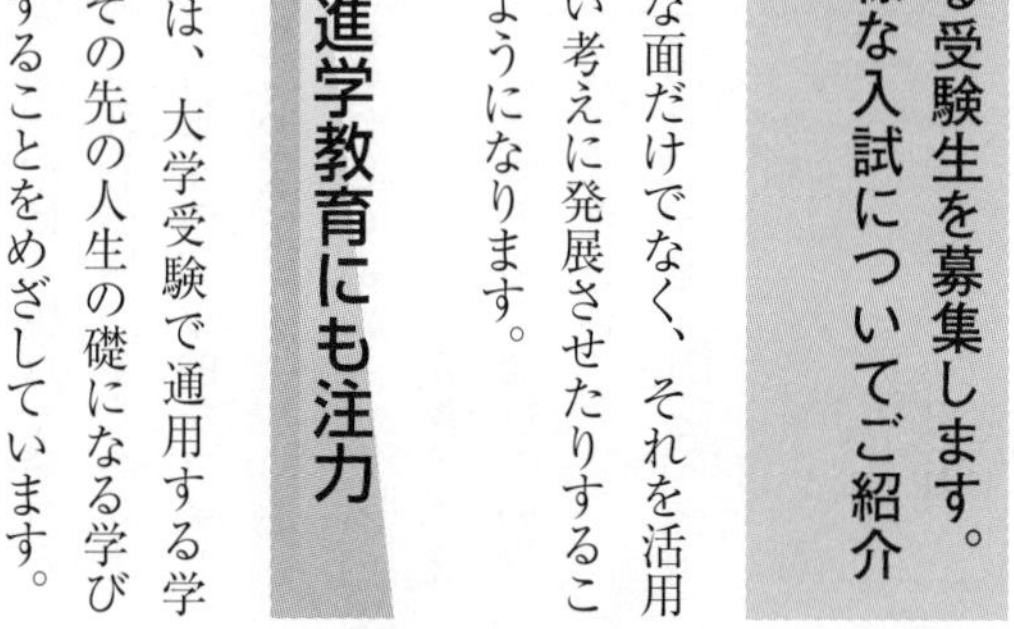
自分で考え、発表する

一方、国際バカロレアのディプロマ・プログラム（DP）の生徒は、より探究

的でアカデミックな学習を通じ、グローバルに活躍するための力を身につけていきます。ＤＰの学びは、自分で考え、調査したことをレポートにまとめたり、ディスカッションしたりするものです。これによって、思考し、想像し、実行する力と経験が得られます。これらの学びを通して、世界の難関大学に進学することが期待されています。

多様な入試形式だから力が発揮できる

開智望では、受験生の個性や得意分野での力が発揮できるように、多様な入試形式を準備しています。

【専願型入試（2科）】12月10日（土）

開智望を第1志望とする受験生を対象とした入試です。基本的な学力を重視した試験で、受験科目は国語（50分）、算数（60分）で実施します。また面接によって、在校生とともに学びを深めていくのに十分な学力があるかどうかを判定します。

フィールドワークだからこそできる探究

【第1回・2回入試（2・4科）】1月17日（火）・2月5日（日）

中学受験に向けて学習する一般的な学力を問う入試です。国語、算数による2科目受験か、国語、算数、理科、社会による4科目受験のどちらかを選択することができます。どちらも国語は１００点、算数は１２０点が満点で、理科と社会にはそれぞれ60点分の配点があります。そのほか、問題の形式などは開智望や系列校の過去問を参照してください。

【開智併願型入試（4科）】1月15日（日）

開智併願型入試では、埼玉県の私立中学トップ校の１つである開智中学校と開智望の両校を受験することができます。出題されるのは開智中学校の入試問題と同様の内容で、配点も第1回・第2回入試と同様です。一度の入試で両校の合否判定が行われるほか、開智中学校、開智望のどちらのキャンパスでも受験することができます。

【適性検査型入試】12月17日（土）

作文や長文読解など、思考力や表現力を問う、茨城県の公立中高一貫校の入試形式に沿った試験です。同県中高一貫校入試の過去問を参照してください。

仲間と共に学び合い、高め合う６年間

【帰国生入試】11月23日（水）

帰国生やインターナショナルスクール生などを対象とした入試です。英語のエッセイと国語・算数の基本的な内容が出題されます。開智日本橋学園中学校と合同で入試を行い、希望すれば開智望だけでなく、開智日本橋学園中学校、開智中学校の合否を判定することができます。

何回受験しても受験料は2万円 開智系列校との併願は3万円

複数回実施される開智望の入試は、すべての入試を受験した場合でも受験料は2万円です。また、開智中学校や開智日本橋学園中学校、開智未来中学校などの入試をすべて受験した場合でも3万円と非常に魅力的な制度になっています。これまでには、系列校を含め10回以上受験した受験生もいるとのこと。開智望は受験生の皆さんが１００％の実力を発揮できるように、多様な入試を用意しています。自分に合った入試を受験し、合格できるチャンスが多くある魅力的な入試になっています。

入試問題ガイダンス

- 11月5日（土）入試問題ガイダンス（2科・4科）
- 11月13日（日）入試問題ガイダンス（適性検査型）
- 12月25日（日）適性検査型入試対策会

開智中学校

キミが伸びる！　開智で伸びる!!《PR》

開智の学びは高い志を持ち、専門分野で社会貢献できるリーダーを育てます。
1月11日（水）実施の先端特入試では、最難関校レベルの問題がみなさんの挑戦を待っています。自分で選ぶ4コースで仲間とともに未来をめざす開智では、2023年度新入生から数学の楽しさを究める「ガウス数学チーム（仮称）」※が始動します。
※ガウス数学チームでは先端特待入試合格者、算数特待入試S特待合格者でITコースを選択した生徒を対象に、数学の特別授業、放課後の活動を実施する予定です。

《2023年度入試のおもなトピック》

① 充実した3種類の特待制度。
② 算数特待入試は、合格者全員が特待になります。
③ 他の入試回と先端2入試を受験すると、「ふりかえり」の対象となります。
④ 先端1入試と先端2入試を両方受験した場合、先端2入試の得点に30点を加点します。
⑤ 先端2入試で、希望者には開智未来中学校、開智望中等教育学校の合否判定をします。
⑥ 11月23日（水・祝）に帰国生11月入試を実施します。
⑦ さいたま新都心会場での受験がしやすくなります。

自分の力が最大限に発揮できる多様な入試問題

開智の2023年度入試は、**先端1**、**先端特待**、**先端A**、**算数特待**、**先端2**の順で5回の入試を実施します。各回の問題傾向および難易度は次のとおりです。

先端1入試・1月10日（火）
普通合格と若干名の特待合格が出る入試。都内上位校と同等レベルの問題で、募集定員が一番多い入試です。

先端特待入試・1月11日（水）
合格者全員がS特待となる入試（トピック①）。都内最難関校の問題レベルで、合格者全員がS特待となります。知識の量だけでなく、出題の意図を読み取る読解力と知識を活かす思考力を問う問題を出題します。

先端A入試・1月12日（木）
合格者の半分以上が特待、普通合格も出る入試（トピック①）。都内難関校と同等の問題レベルで、記述力を必要とする問題から基本的な知識を用いる問題までバランスよく出題します。
一部、先端特待レベルの問題も出題します。

算数特待入試・1月12日（木）午後
合格者全員が特待生（S特待、A特待、準特待）となる、午後入試（トピック①、②）。算数1科の入試で、先端Aの取り組みやすいレベルから先端特待レベルまで幅広く出題します。

先端2入試・1月15日（日）
普通合格と若干名の特待合格が出る入試（トピック③、④、⑤）。標準的な問題を多く出題しますが、一部に思考力や記述力を必要とする問題を出題します。開智未来、開智望の合格判定を希望することにより1つの試験で3校の合格が可能になります。
判定にあたって追加の受験料は必要ありません。

※入試予備日・1月25日（水）
1月8日までに出願し、感染症などで試験を受けられなかった受験生より申し出があった場合に実施します。
追試験は4科での入試となります。
その他入試についての詳細は、開智のホームページから募集要項をご覧ください。

最難関校の併願としても最適な開智の入試

開智の入試は第一志望とする受験生はもちろんのこと、他校との併願者も多く受験しています。次に他校との併願者にとってのメリットを紹介します。

1．入学手続きは2月10日（金）まで

2月10日（金）正午までが入学手続きの締め切りです。2月校を受験する方にとっても安心できるスケジュールです。

2．入学金は10万円

入学手続きの際には入学金10万円が必要です。第1期納入金は3月3日（金）までに納入してください。入学手続き後、入学を辞退した場合には、入学金を除き納入した全額が返金されます。初年度納入金は63万8000円です。

3．受験料への配慮

受験料2万円で5回の入試すべてを受験できます（算数特待のみ受験料は5000円です）。さらに、受験料3万円で開智未来、開智日本橋、開智望の4校のすべての入試を受けることができます。開智の系列校を受験することで様々な入試問題に触れることが可能です。

4．得点通知により実力をチェック

合格発表は入試日当日、さらに申し込み時に希望すれば自分の各教科の得点を知ることができます。ホームページでは得点分布表を公開しますので、本番の入試で自分の力をチェックすることができます。

5．アクセスの良い受験会場（トピック⑦）

1月10日（火）実施の先端1入試、1月11日（水）実施の先端特待入試では開智のほかに、さいたま新都心（新宿駅から約30分）でも入試を行います。特に1月10日のさいたま新都心では新たにもう1つ試験会場を設けます。この日の受験定員が大幅に増加し、さいたま新都心会場が選びやすくなります。その他、1月12日（木）午前の先端A入試、同日午後の算数特待入試は開智と大宮会場（大宮駅徒歩3分）での実施、1月15日（日）の先端2入試は開智と開智望会場で実施します。

大学入試で終わらない人材の育成

開智では、様々な個性や実力を持った受験生が自分の力に合った回で合格を手にしてほしいという願いから、問題の傾向や難易度の異なる5回の入試を行っています。開智中学校に入学した様々な個性は、6年間をかけてさらに磨かれ、自己実現に向けて羽ばたいていきます。開智の教育は、専門分野で社会貢献できる学力を身につけ、実社会で活躍できる人材を育成することをめざし、躍進を続けます。

KAICHI

開智中学・高等学校

中高一貫部（共学）

〒339-0004
埼玉県さいたま市岩槻区徳力186
TEL 048−795−0777
https://ikkanbu.kaichigakuen.ed.jp/
東武アーバンパークライン東岩槻駅（大宮より15分）徒歩15分

■入試問題説明会日程 ※詳細は事前にHPをご確認ください。

	日程	時間
入試問題説明会	12/3（土）	14:00～15:50（入試問題説明）
		16:00～17:00（教育内容説明）

Web予約が必要です。

■2023年度 入試日程

	日程	会場		合格発表
先端1	1/10（火）	開智中	さいたま新都心	〈入試当日〉開智中HP 出願専用サイト
先端特待	1/11（水）			
先端A	1/12（木）		大宮ソニックシティビル	
算数特待	1/12（木）午後			
先端2	1/15（日）		開智望中等教育学校	

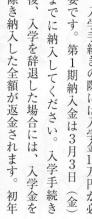

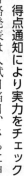

教えて中学受験

5年生
以下へ

志望校が自分に合っている学校なのかを知りたいが、どうやって学校の様子を知ればいいのかと考えている方へ

Advice

まずは塾の先生に相談しましょう。そして実際に志望する学校を訪問し、先生や在校生に話を聞くのが一番です。

志望する学校が自分に合っているかどうかはとても気になるところですね。実際にその学校に通った人に話を聞ければいいのですが、近くにそういう人がいない場合は、まずは通っている塾の先生に相談してみましょう。先生方はこれまで多くの受験生を指導してきた経験から各校の情報を蓄積していますし、多くの私立中学校は塾の先生対象の学校説明会を開催しているので、新しい情報を持っている場合もあります。

そして、やはり一番いいのは、実際に志望する学校を訪問して、先生や在校生に話を聞くことです。学校説明会で在校生が学校の様子を話してくれたり、学校のなかを案内してくれたりする学校もあります。文化祭や体育祭などの公開行事に行って直接在校生と話をしてみるのもいいですね。答えられる限りで質問に丁寧に対応してくれるはずです。最近は、説明会以外の日に少人数の個別相談や学校見学を実施する学校も増えてきているようです。

中高6年間を過ごすわけですから、偏差値だけでなく、その学校が自分に合っているかどうかはとても重要なことです。実際に訪問して、先生や在校生と話をし、自らの目で見て、その雰囲気や校風を自分の肌で感じることが大切だと思います。

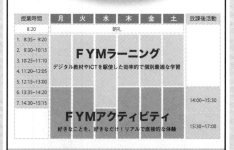

疑問がスッキリ！

保護者の方へ

大学附属校を選択したいが、どのようなことに注意すればいいのかポイントを知りたいと考えている保護者の方へ

Advice

大学附属校にも様々な形態があります。お子さんの将来の進路選択までを見据えた学校選びを心がけましょう。

大学附属校には大きく分けて、ほぼ全員が系列大学へ進学する学校と多くの生徒が他大学へ進学する半附属校と呼ばれる学校の２つがあります。そしていずれの附属校でも、希望する「学部」へ進学するためには、系列大学が定めた一定の成績が必要とされる場合がほとんどで、附属校から進学できる人数に制限がある場合もあります。

また、半附属校においては、他大学を受験して不合格だった場合に系列大学へ推薦入学制度で進学できる学校もあれば他大学を受験する場合は系列大学への推薦入学資格を放棄しなくてはならない学校があるなど、それぞれの学校によって対応が様々です。最近では、大学の附属校ではありませんが、大学との提携を強化することで、多くの生徒が提携する大学へ推薦入学できる制度を持つ学校も増えてきています。

このように、ひと口に大学附属校といっても、系列大学への進学状況は異なります。また、大学によって設置されている「学部・学科」も様々です。まずは、志望する附属校および系列大学がどのような学校なのかを説明会や個別相談などでしっかりと確認しておくことが重要です。附属校には、大学受験のことを気にせずに中高生活を送れるというメリットもありますが、お子さんの将来の進路選択を見据えた学校選択を心がけることが大切ではないでしょうか。

新コース始動でさらに充実
世界を見据えた教育と学習環境

**2022年から、新たな2コース制での学びをスタートさせた春日部共栄中学校。
他校にはない独自の教育内容をご紹介していきます。**

プログレッシブ政経コース

IT医学サイエンスコース

春日部共栄中学校〈共学校〉

【SCHOOL DATA】

所在地：埼玉県春日部市上大増新田213　TEL：048-737-7611
アクセス：東武スカイツリーライン・アーバンパークライン「春日部駅」スクールバス　URL：https://www.k-kyoei.ed.jp/jr/

2022年度に始まった特色ある2コースでの学び

世界のリーダーを育てることを目標に、特色ある教育を展開してきた春日部共栄中学校（以下、春日部共栄）。中学校が併設されてから2022年度に20年目を迎え、これまでの教育内容を発展させた2つの新しいコースがスタートしました。

まずは、高い英語力の養成を軸に据えた「プログレッシブ政経コース」です。生徒全員が中3で英検準2級レベルに到達するよう、ハイレベルな英語教育に取り組みます。

特筆すべきは、英語力を活かすグローバルな舞台での活躍を想定して、経済的・政治的な素養を育む点です。株式会社りそな銀行をはじめいくつかの金融機関と連携し、お金に関する知識や情報など金融リテラシーを身につけていきます。

そのほか、東京大学大学院で国際政治に関して研究する卒業生をリーダーに、国際的な政治問題について考えるプロジェクトも実施。そこでは参考文献の調べ方やレポートのまとめ方など、アカデミックな研究の手法を学ぶ機会が設けられています。

こうした力をベースにして、模擬

国連などでも活躍できるようになることが目標の1つとなっています。

続いて、理系分野に興味を持つ生徒にぴったりなのが「IT医学サイエンスコース」。

「IT」分野ではプログラミング教育を中心に展開。グーグルが提供するウェブソフトに慣れるところから始まり、プログラミング言語の使用にいたるまで、段階を踏んでステップアップしていきます。「医学」分野ではメディカルエレメンタリー講習・メディカル論文講習などを通して医学部進学希望者を支援します。

そして、とくに特徴的なプログラムをそろえるのが「サイエンス」の分野です。理化学研究所を訪れての体験学習や、校内の天体望遠鏡を使った天体観測、研究者としても活躍している教員の指導のもと行うカブトムシの飼育、水耕栽培など充実した設備を使用しての理科実験を中心に、生徒の探究心を養います。

生徒が自慢できる学校へ 国際教育もより豊かに

2つのコース新設について、入試担当委員長の牟田泰浩先生は「コンセプトは『入学してきた生徒が、校外で自分の学校を自慢したくなるような要素を取りそろえる』ことです。両コースとも、他校にはない独自のプログラムを用意しています。

これらは教科学習とは別に、火・水・木の7限目の時間を使って実施します。大学受験に向けた勉強の時間は確保しつつも、幅広い学びに挑戦できる体制です」と語ります。

コース共通の取り組みとして、春日部共栄が開校当初から力を入れてきた国際教育も見逃せません。

例えば「K-sep」（中3・希望者）では、10日もの間、1限〜6限まで外国人講師といっしょに英語漬けの異文化体験やプレゼンテーションに取り組みます。希望者は同じく中3で3週間のカナダ・バンクーバー語学研修に参加することもできるなど、中学生から実践的な学びで英語に触れることが可能です。

高校に進むと、ホームステイを中心としたオーストラリア語学研修や、アメリカ・ボストンでの人材育成プログラム（いずれも高1〜高2・希望者）など、より本格的なプログラムが待っています。

コースも新たに、教育内容のさらなる発展をめざす春日部共栄。受験生のみなさんに向けて、牟田先生からメッセージをいただきました。

「受験に向けては不安の残る情勢が続くかと思いますが、ぜひ当日まで諦めずに走り抜けてください。そのなかでもし春日部共栄に興味を持ってくださった方がいるならば、本校が全力で支えます。充実したカリキュラムと学習環境を整えて、みなさんをお待ちしています」

K-sep（Kyoei Summer English Program）

全国高校教育模擬国連大会への参加

Global English Program（中1・中2）

【学校説明会・入試問題体験会・過去問解説会】要予約
11月12日(土)10:00〜12:00

【学校説明会・体験授業（小5年生以下対象）】要予約
12月17日(土)10:00〜12:00

【2023年度募集要項】
募集人数：プログレッシブ政経コース80名
IT医学サイエンスコース80名
第1回 1月10日(火)　第2回 1月11日(水)
第3回 1月13日(金)　第4回 1月15日(日)
※詳細はHPにてご確認ください

学ナビ!! vol.186
School Navigator

獨協埼玉中学校（どっきょうさいたま）
埼玉　越谷市　共学校

ゆったり、じっくり、丁寧に 学力だけでなく心も育てる

「学校は、楽しく、安全で、安心できる場所でなければならない」という信念のもと、8万㎡もの広大で緑豊かなキャンパスに、近代的施設・設備を備える獨協埼玉中学校(以下、獨協埼玉)。「自ら考え、判断することのできる若者を育てる」ことを教育理念とする中高一貫校です。6年間のゆとりのある時間と充実した教育環境を活かし、1人ひとりの生徒としっかりと向きあうことで、それぞれの可能性を引き出しながら育んでゆく教育が魅力です。

様々な特長がある獨協埼玉での学び

獨協埼玉の学びの特長、1つ目は「総合学習」です。文系、理系とむやみに線を引かず、この時期に学ぶべきことを身につける学習を行っています。また、実験や体験を通して物事の本質を見つめる帰納法的な学習を重視し、学年ごとにステージを設けて実施しています。

中1はネイチャーステージとして田植えから収穫までを学ぶ稲作体験です。農家の方の協力を得て、田んぼで稲を育てます。四季の変化のなかでその生育の様子を観察することで、地域の文化や環境問題にも関心を持つきっかけとなります。

さらに、中2はキャリアステージとして講演会やグループワークなどを経験するキャリア教育、中3はボランティアステージとして様々な福祉体験と、学年ごとに異なる体験学習が待っています。獨協埼玉の総合学習は、幅広い教養を身につけ、深い感性を磨きながら、自分自身の生き方を身につけることができるプログラムです。

特長の2つ目は、総合学習でのテーマ探究などに役立てられる、「図書館連携学習」です。図書館では約6万冊の蔵書を学習の場で活用できるよう、2名の専任司書が生徒をサポートします。また、ICT機器を使った学習も活発で、生徒間での意見の共有や、対話を促します。

3つ目は「外国語教育」です。中学3年間では英語の基礎技能の習得をめざし、話す・聞く技能を育成する5ラウンドシステムを採用。ネイティブの英語教師による少人数の英会話授業も実施するなど、使える英語力を育む学習プログラムを用意しています。

自分の目で見て判断できる力をつける

獨協埼玉では、自分の目で見て、判断できる力をつけるためには「個の基礎体力」が必要と考え、中学の3年間を「知的ベース養成期」と位置づけています。この時期には、文系・理系と分けて考えずに、学ぶべきことをしっかり身につける学習を行っています。また、知識はもちろんですが、授業を通じて「健康な心と体」と「豊かな感性」を培うことも重視し、高校での学びに必要となる知性の土台を作ります。

続く高校の3年間は「実力向上飛躍期」です。中学で育んだ知識をさらに深めるとともに、文理選択やコース制を設けて進路選択を意識した学びへと進みます。

このように獨協埼玉では、中高一貫校である利点を活かし、生徒の成長に応じて最適な内容となるカリキュラムを整備しています。ゆったり、じっくり、丁寧に。時間をかけて学力だけでなく心も育てていく獨協埼玉です。

School Data

所在地：埼玉県越谷市恩間新田寺前316
生徒数：男子273名、女子238名
ＴＥＬ：048-977-5441
ＵＲＬ：https://www.dokkyo-saitama.ed.jp/
アクセス：東武スカイツリーライン「せんげん台駅」バス

学ナビ!! vol.187
School Navigator

田園調布学園中等部

東京　世田谷区　女子校

生徒1人ひとりの興味関心を伸ばし よりよい社会の作り手を育てる

1926年に創立した田園調布学園中等部（以下、田園調布学園）は「捨我精進」（自分本位の我を捨て、目標に向かって努力を続けること、他人よかれと行動すること）を建学の精神に据え、豊かな人生を歩むための道を切りひらき、自分たちの手でよりよい社会を作ることができる人物の育成をめざしています。

中1を「基礎育成期」、中2・中3・高1を「個性伸長期」、高2・高3を「発展充実期」に分けて展開される6カ年一貫教育が特色で、生徒たちは様々な体験学習や探究授業を通して、自分の身の回りの問題や世の中の課題を解決するためのスキルを養っていきます。

教科同士のつながりに気づき 勉強への意欲を高める

苦手意識を抱く分野の勉強にも興味が持てるように、田園調布学園が力を入れて取り組んでいるのが「教科横断型授業」です。例えば中3で行われる音楽の授業では、モーツァルトの「音楽のサイコロ遊び」をテーマに、サイコロの出た目に従ってパソコンで作曲をする活動を行います。できあがった曲を数式で分析したり、統計学や確率の視点で考察したりすることで、生徒は音楽を勉強する際にも数学の知識を活かすことができるのだと気がつきます。

このような教科同士のつながりに日々慣れ親しむことによって、生徒たちは1つの問題に対して多角的な視点からアプローチする習慣を身につけていきます。「教科横断型授業」は勉強のモチベーションを高めるだけでなく、将来社会に出た際に、文系・理系を問わず広い視野を持って異分野の人々と協働できる価値観を育てることにもつながっているのです。

また、高等部の生徒といっしょに行われる「土曜プログラム」も、教科の枠を越えた幅広い知識を得ることができる人気の授業です。生徒たちは5分野・170を超える講座のなかから好きな講座を選択し、語学やスポーツ、科学実験やフィールドワークなどに取り組みます。普段の授業から一歩進んだ専門性の高い学習内容が知的好奇心を刺激し、生徒1人ひとりの興味関心を伸ばしていきます。

イメージから理解を深める 体験重視の理数教育

田園調布学園は理数教育においても、体験的な学習を重視しています。理科の授業では中高の6年間で150種類もの実験を行っていて、中1・中2の間は毎週実験の機会が設けられています。数学では、グラフ作成アプリを使って関数グラフでイラストを描く授業を行うなど、抽象的になりやすい理数科目の内容を具体的にイメージさせる様々な取り組みが実践されています。これらの学習によって、生徒たちが主体的に理数科目を学ぶ意欲を高めていきます。

田園調布学園は高大連携の取り組みも盛んで、これまでも複数の大学と交流を行ってきました。2022年1月には北里大学との提携もスタート。特別講義や共同研究を行うほか、探究活動においてもアドバイザーとして協力を得ることが予定されています。知識を深める多くの機会が用意されている田園調布学園。幅広い学習の体験を通して、自らの可能性を広げていける学校です。

School Data

所在地：東京都世田谷区東玉川2-21-8
生徒数：女子のみ618人
ＴＥＬ：03-3727-6121
ＵＲＬ：https://www.chofu.ed.jp/
アクセス：東急東横線・目黒線「田園調布駅」徒歩8分、東急池上線「雪が谷大塚駅」徒歩10分

開智未来中学・高等学校

自然豊かな渡良瀬の地より、本質を捉え深く考え続けるリーダーを育てる
新校長体制でさらにパワーアップした教育を推進

3 I'sで国際社会のリーダーを育てる

開智未来は2011年4月、開智中学・高等学校の「教育開発校」をコンセプトに開校し、12年目を迎えました。開智未来では3 I's（探究活動・英語発信力・つなげる知能としてのICT）を教育の柱として、「知性と人間をともに育てる」さまざまな取り組みを実践しています。

また、今年度より藤井剛校長（前副校長）が着任しました。さいたま市開智中学1期生と開智未来中学1期生をともに6年間育て、開智学園の教育理念や進学実績のノウハウを熟知した校長就任により、さらなる発展が期待されています。

探究活動

開智未来では、フィールドワークをはじめさまざまな探究活動を行っています。中学1年は長野県飯山市での「里山フィールドワーク」です。ブナ林探究や水中生物探究で40ページのスケッチを完成させ、観察・発見・疑問をつうじ「探究」の基礎を磨きます。中学2年の福島県での「ブリティッシュヒルズフィールドワーク」では、2泊3日間オールイングリッシュにチャレンジします。中学3年の関西方面での「探究フィールドワークHプロジェクト」では、2日間の個人研究を行うほか、広島で英語の「平和宣言文」を発表するなど、生徒の活動もさらにパワーアップしています。

さらに高校1年での「才能発見プログラム」では興味関心のある分野について1年間かけて研究し発表を行います。このプログラムをつうじて将来の進路目標が明確になり、学校推薦型選抜の大学入試に活用するなど、大学進学に向けた生徒のモチベーションアップにつながっています。また、これらの探究活動の学年代表が成果を発表する「未来TED」も開智未来の伝統行事となりました。

コロナ禍でもライブ配信で実施された「未来TED」

世界水準の思考力と英語発信力

探究活動の集大成である高校2年での「ワシントンD.C.フィールドワーク」（全員参加）では、スミソニアン博物館での自由研究、現地高校生との交流や大学での講義などを体験します。

海外フィールドワークがコロナ禍で実施できない年度においても、中学3年から高校2年を対象に「エンパワーメント

《2023年度入試 説明会日程》

	日　程	時　間	内　容
オープンスクール	11月 5日（土）	9:50～11:40	授業見学・ミニ体験授業 学校説明会
探究型入試演習	10月29日（土）	9:45～11:30	思考力と基礎学力を図る 入試演習 保護者対象説明会
	12月 3日（土）		
4教科型 入試解説会	11月23日（水・祝）	9:30～12:00	各教科の作問者による入試解説 入試・学校説明あり
	12月24日（土）		

※すべて予約制です。実施１か月前からホームページよりお申込みください。

■2023年度入試日程　募集定員120名（T未来クラス30名・未来クラス60名・開智クラス30名）

	1月10日（火）	1月11日（水）	1月12日（木）	1月14日（土）	1月15日（日）
午前	＜探究１＞ 計算・読解＋探究科学	＜探究２＞ 計算・読解＋探究社会または英		＜第２回＞ ４科・３科・２科	＜開智併願型＞ 開智中学「先端２」の入学試験（４科）併願判定できます。
午後	＜第１回＞ ２科（国・算）	＜T未来＞ ３科（国・算・理）	＜算数１科＞ 算数		

※開智併願型…開智中学の入試で開智未来中学の合否判定ができます。T未来クラス（特待生）と未来クラスを判定します。
※T未来………T未来クラス（特待生）のみを判定します。
※算数１科……T未来クラス（特待生）と未来クラスを判定します。

プログラム」を校内で実施しています。このプログラムは同校生徒5名に対し海外留学生が1名入り、5日間のディスカッション・プロジェクト・プレゼンテーションをすべて英語で行います。これらをつうじてグローバル時代になにが必要かを考え抜く5日間です。

ICT活用の最先端校

加藤友信前校長は、情報分野では第一人者で、開智学園全体のICT教育を推進するリーダーです。開智未来では、2017年度入学生よりタブレット端末を段階的に導入しており、現在は、在校生全員がタブレット端末を所有し活用しています。日常の授業ばかりでなく、課題の指示や提出、探究活動の研究、学校からの連絡事項など、学校生活全般に幅広く活用されています。

とくに2020年度の新型コロナにおける休校期間中は、朝のホームルームや健康観察をはじめ、3か月間で2360本のオンライン授業動画を配信し、授業を遅らせることなく進めたことにより、卒業生の大学合格実績の躍進につながりました。教育関係者からも、ICT活用最先端校の1校として評価を得ています。

少数制だからできる 1人ひとりの進路希望実現

開智未来は、募集定員1学年120名（高校募集含めて200名）と少数制で、「1人ひとりを丁寧に伸ばす」をモットーにしています。高校3年次には、難関理系文系・国立理系文系・私立理系文系と進路希望別に6コースで選択授業を行います。

過去3年間の卒業生（531名）では、東大3名・京大2名をはじめ国公立大学116名、早慶上理G－MARCHに377名が合格、また医系コース設置により医学部医学科へ27名合格（既卒含）と、近年、成果が表れてきました。

藤井剛新校長

藤井剛新校長からのメッセージ

「本校は2011年開校以来、学びの技法、哲学の基盤の上に学力と人間をともに育てる学校づくりに邁進しています。ICT環境についてはいち早く最先端の整備を進めたことが、結果的にコロナ禍で大活躍するとともに、生徒のICTスキルの飛躍的向上につながりました。AI（人工知能）の進出を含む激動の社会にあっても、的確に本質を見抜き社会に貢献できる人材、人生100年時代を迎えるにあたり、深く考え続けることのできる人間的な厚みをもったリーダーを育てていきたいと考えています。

開智未来は、埼玉北端の自然豊かな渡良瀬の地から、学びが本来もつ楽しさ深さを実体験し、最高峰に挑む心豊かなリーダーを世に送りだす教育を発信していきます」

8つのスクールバス拠点で1都5県が通学圏

開智未来中学・高等学校

【スクールバス案内】
JR宇都宮線/東武日光線・・・・栗橋駅下車　スクールバス18分
JR宇都宮線・・・・・・・・・・・・・・古河駅下車　スクールバス20分
JR高崎線・・・・・・・・・・・・・・・・鴻巣駅下車　スクールバス55分
東武伊勢崎線・・・・・・・・・・・・加須駅下車　スクールバス25分
東武伊勢崎線・・・・・・・・・・・・羽生駅下車　スクールバス40分
東武伊勢崎線・・・・・・・・・・・・館林駅下車　スクールバス35分
東武日光線・・・・・・・・・・・・・・柳生駅下車　徒歩20分・自転車７分

所在地　〒349-1212 埼玉県加須市麦倉1238　ＴＥＬ　0280-61-2021
ＵＲＬ　https://www.kaichimirai.ed.jp/

【タイアップ記事】

「自律と共生」を教育理念に枠にとらわれない学びを実現

広尾学園小石川中学校（ひろおがくえんこいしかわ）

共学校

英語にあふれた環境に加え、多彩な夏期講習や地域と連携した取り組みなど、魅力的な教育を実践する広尾学園小石川中学校。新たな歴史を刻み始めた同校に注目です。

松尾 廣茂（まつお ひろしげ） 校長先生

多くの刺激を感じながら充実した学校生活を送る

2021年度に開校した広尾学園小石川中学校（以下、広尾学園小石川）。多様な経験を通して自分の強みに磨きをかける「本科コース」と、世界的視野を身につけられる「インターナショナルコース」、どちらの生徒も日々様々な刺激を受けながら充実した学校生活を送っています。

同校には「海外で過ごした経験を持つ個性豊かな仲間とともに中高時代を過ごしたい」「先生方の熱意に惹かれた」といった思いから入学した生徒が多くいます。

実際にインターナショナルコースを中心に、多彩な経験を持つ生徒が集まっています。また16人の専門性の高い外国人教員もいることから、学校内には日常的に英語が飛び交い、世界の多様な文化に触れる機会も豊富にあります。

松尾廣茂校長先生は、「インターナショナルコースの生徒はもちろん、本科コースの生徒もこうした環境に大きな刺激を受けているようです。同学年の交流に加えて、他学年と交流する機会もありますから、色々な人とかかわりながら成長することができます」と話されます。

他学年との交流が生まれ専門的な指導も受けられる

学年の枠を越えて実施されるものの1つに学校行事があげられます。加えて広尾学園小石川では、夏期講習でも学年を越えた交流が生まれています。

開校初年度に引き続き、今年度も多くの講習が実施されました。中学生専用、高校生専用、そして前述の通り、検定講座など複数の学年の生徒が参加できるものもあります。

「高3を対象とした大学受験のための講習にも、中学生が参加できるようにしました。内容は難しいですが、高い意欲を持った中学生が参加していましたね。講習後には中高の垣根がなくなり学習内容について議論しあう場面もみられたのが嬉しかったです」と松尾校長先生。

そのほか、今年度は新たにキャリア教育にかかわるものもスタートしました。「東京藝術大学との提携によるアート体験講座」や「東京都立産業技術高等専門学校との提携によるロボットプログラミング講座」「模擬裁判講座」などです。

専門の先生方から直接指導を受け

られる貴重な機会に、生徒は時間を忘れ目を輝かせていたといいます。「普段の授業とは異なる場を用意することで、自身も知らなかった新たな能力を発見する生徒もいるでしょう」と松尾校長先生が話されるように、生徒が持つ様々な力を伸ばそうと、教科の枠を越えた学びの数々を用意しているのです。

なお生徒は夏期講習終了後に、講習を評価するアンケートを提出します。その意見をもとに、教員も翌年に向けレベルアップを図ります。

研鑽を積む教員とともに さらに充実した教育を

夏期講習の一例からもわかるように、広尾学園小石川の教員はつねに研鑽を積んでいます。その原動力となるのは「生徒の成長する姿を見たい」という思いです。松尾校長先生は「現状に満足せずつねに高みをめざし指導力を磨いていく。生徒を成長させられるのは、そうした教員ではないでしょうか」と語ります。

また、同校では学期の始まりに、担任が保護者と連絡を取りあうといいます。保護者にとっては学校の様子を聞き、ちょっとした相談をすることもできる機会です。細やかな配慮により、教員と保護者の間にも、しっかりとした信頼関係が築かれていきます。

また今後は、地域との連携も強めていきたいと話す松尾校長先生。現在も近隣にある東洋学の専門図書館・研究所「東洋文庫」と連携協定を結んだり、東京都立小石川中等教育学校と合同で部活動をしたりしていますが、今後はさらに地域との交流を深めていくといいます。

広尾学園小石川は、教科の枠や学校という枠にとらわれず、多彩な学びを実現しています。これからも新たな学びの機会を生み出していくことでしょう。

「本校が掲げる教育理念は『自律と共生』です。偶然に任せて日々を過ごすのではなく、なにごとにも主体的に取り組みましょう。みなさんの頑張りを見守り認めてくれる仲間がいる学校です。挑戦したいと思ったことにはどんどんチャレンジしてください。受験勉強も含め、努力した経験は決してムダにはなりません。

広尾学園小石川でこれをしたいという強い思いがある方や将来に向けて高い目標を持った方、みなさんの夢をかなえるために教員は全力でサポートします」（松尾校長先生）

夏期講習の様子。東京都立産業技術高等専門学校でロボットのプログラミングを、東京藝術大学で鋳造を体験しました。

インターナショナルコースには、一定レベルの英語力を持つ生徒が所属するアドバンストグループ（AG）と入学後に英語力を伸ばしていく生徒が対象のスタンダードグループ（SG）があります。AG生とSG生は教えあい、助けあいながら学んでいます。

連携協定を結んでいる東洋学の専門図書館・研究所「東洋文庫」を利用することも可能です。

School Information

所在地：東京都文京区本駒込2-29-1
アクセス：都営三田線「千石駅」徒歩2分、地下鉄南北線「駒込駅」徒歩12分、JR山手線ほか「巣鴨駅」「駒込駅」徒歩13分
TEL：03-5940-4187　**URL**：https://hiroo-koishikawa.ed.jp/

●**入試傾向説明会**　要予約
11月19日㊏　12月17日㊏　両日とも9：30～、13：30～　※学校説明会同時開催
●**AGガイダンス**　要予約
11月12日㊏　10：00～　11月23日(水祝)　10：00～、13：00～　12月3日㊏　10：00～
※広尾学園中学校にて開催

NEWS 2022

＼入試によく出る時事ワード／

国葬

7月に行われた参議院選挙の街頭演説中に、銃撃されて亡くなった安倍晋三元首相の国葬が９月27日、東京都千代田区の日本武道館で行われました。国葬は1967年の吉田茂元首相以来、55年ぶりで、武道館には皇族や三権（司法、立法、行政）の長のほか、外国の首脳など国内外から約4300人が参列しました。また、武道館近くの公園には一般の人々のための献花台が設けられ、２万人以上が手を合わせました。政府機関などでは半旗（国旗を旗竿の３分の１から半分の位置で掲揚して弔意を表すこと）が掲げられました。

日本武道館で行われた安倍晋三元首相の国葬（2022年９月27日、東京都千代田区、©時事通信社）

一方、武道館周辺や日比谷公園、国会議事堂周辺などでは、約１万5000人が、国葬に反対する集会を開いたり、デモを行ったりしました。

戦前は国葬令があり、国葬は法的に明文化されていました。天皇、皇后をはじめとする皇族や元勲、元帥の称号を持つ軍人などが対象でした。しかし、戦後、国葬令は廃止され、法的な根拠があいまいになりました。

皇室典範には天皇が崩御したときには大喪の礼を行うことが規定されており、皇室典範特例法では上皇が崩御したときも同じく大喪の礼を行うことになっています。大喪の礼は国葬に相当すると考えられています。

戦後初めて国葬となったのは、前述の吉田茂元首相です。吉田元首相は1967年10月に死去し、閣議で国葬を行うことを決定、同月末に日本武道館で国葬が行われました。三権の長、国会議員、知事、それに海外からの弔問使節など約6000人が参列、一般の献花者も３万5000人に上りました。

吉田元首相は戦後、GHQ（連合国軍総司令部）の占領下も含め、のべ７年間にわたって首相を務め、サンフランシスコ講和条約の全権として、日本の国際社会復帰や、日米安全保障条約の締結を行い、日本経済復興の足掛かりを作ったとされています。こうした点が考慮されての国葬となりました。野党の一部からは国葬反対の声が上がりましたが、今回のような大規模な反対運動は起こりませんでした。

安倍元首相は憲政史上最長となるのべ８年間の首相在任、多くの外交成果、銃撃による死という悲劇性などが考慮されて、閣議で国葬が決められました。国葬費用は公費から支出されました。政府は国の儀式を規定した内閣府設置法を国葬の根拠としていますが、説明が不十分だとして、一部野党は反発、各マスコミの世論調査では過半数の人が国葬に反対と答えています。

こうしたことから国論を二分する形で行われた国葬でしたが、海外からの弔問が多かったことは大きな特徴でした。Ｇ７（先進７カ国首脳会議）の首脳（大統領、首相）の参列はありませんでしたが、アメリカのハリス副大統領、イギリスのメイ元首相、インドのモディ首相、カンボジアのフン・セン首相ら、210を超える国や地域、国際機関の代表団、約700人が参列しました。各国首脳の多くは岸田文雄首相と会談しました。国葬のような大規模な行事では、多くの海外の首脳が来日するため、これに合わせて会談が行われたりしますが、これを弔問外交といいます。

しかし、どのような人を国葬の対象とするのか、内閣府設置法だけで国葬の根拠となるのか、国会の承認は必要ないのか、などの問題があることが明らかになったことから、国葬について、どのような内容や規模がふさわしいのかを、国民レベルで議論していく必要があるでしょう。政府や国会も、今回の国葬をふまえて、具体的な検討を行うことになりそうです。

入試問題ならこう出題される

⇩

基本問題

2022年９月27日、東京都［①　　］区にある日本武道館で［②　　］元首相の国葬が執り行われました。

国葬が行われたのは、1967年、同じ日本武道館での［③　　］元首相の国葬以来55年ぶり。この国葬は第二次世界大戦の終戦後初めてのことでした。

［②　　］元首相の国葬には、皇族、衆参議員や［④　　］の長（さんけんのちょう）が参列、外国の首脳など約4300人が参列しました。

［④　　］とは、［⑤　　］権、［⑥　　］権、［⑦　　］権のことです。国民の権利を守るため権力が１カ所に集まらないよう、［⑤　　］権は国会、［⑥　　］権は内閣、［⑦　　］権は裁判所と、３つの機関がそれぞれ司り、互いにバランスを保っています。この原理を［④　　］［⑧　　］（さんけんぶんりつ）といいます。［④　　］の長（さんけんのちょう）とは、この３つの機関の長のことをさします。

戦前には［⑨　　］という制度があり、法律に明文化されていましたが、戦後廃止されました。
現在、皇室典範という法律で、天皇の葬儀である［⑩　　］を内閣が執り行うことが定められています。上皇の葬儀でも［⑩　　］が行われます。

首相経験者の葬儀の形式には明確な基準がないため、［②　　］元首相の国葬は、閣議で決められました。根拠は内閣府設置法だとされていますが、多額の費用が公費から支出されるなど、つまり税金が使われることから、国会で決めるべきだったなど、国葬反対の意見が多くなり、国論を二分する事態となりました。

基本問題　解答

①千代田　②安倍晋三　③吉田茂　④三権　⑤立法　⑥行政
⑦司法　⑧分立　⑨国葬令　⑩大喪の礼

【タイアップ記事】

School Selection

奥深い授業で生徒を惹きつける「トシコー」の国語科

東京都市大学付属中学校

School Information〈男子校〉

- Address：東京都世田谷区成城 1-13-1
- TEL：03-3415-0104
- Access：小田急線「成城学園前駅」徒歩 10 分
- URL：https://www.tcu-jsh.ed.jp/

東京都市大学付属中学校は、生徒の興味をひきつける授業で思考力や発信力を育み、年々大学合格実績を伸ばしています。今回は国語科の授業の様子から、その秘密を見ていきましょう。

思考力や発信力を育む東京都市大付属での授業

首都圏の私立男子校として高い人気を誇る東京都市大学付属中学校（以下、東京都市大付属）。

近年は難関大学への合格実績も伸長していますが、その理由の1つに、普段の授業から疑問に対して生徒自身で考え、発信することを繰り返し行うことで、思考力や表現力を育くんでいることがあります。

その一例として、今回は東京都市大付属の国語の授業を見ていきましょう。

もともと、武蔵工業大学の付属校としてスタートしていることもあり、校名変更のあとも、「理系」に強いイメージが定着している東京都市大付属。

広報部の菊野暁先生は「とくに保護者にそういったイメージを持っていただいている方が多く『ウチの子は理系だから』ということで選んでいただくことがあります。しかし、小学生の段階で理系・文系どちらが得意かを決めるのは難しいと思います。中学入学段階でそうしたイメージに引っ張られて、なんとなく国語などの文系教科に苦手意識を持って入学してしまうと、そのあとが大変です。本校が理系教科の授業に特徴があったり、実験設備が充実していたりということは事実ですが、文系教科にも当然ながら力を入れています」と話されます。

国語科では、中学生の段階から、現代文、古典、漢文それぞれにおいて、できるだけ苦手意識を持たないように、また、興味を持つ生徒がさらにおもしろみを感じてくれるように、各教員が工夫をこらしています。

「本校の国語科の授業では、現代文であれば、与えられた文章に対して『こう書かれているから、こう解釈すればいい』という教え方ではなく、例えば『この文章がこう書かれているのは、この時代にこんなことがあったからだ』などと、その時代の背景にある様々な知識までさかのぼることを意識しています。

古典であれば、文法などのテクニカルな部分も大事ですが、それだけではなく、現代の町中でもまだ見られる変体仮名について学んでみたり、その時代に男性は女性にラブレターをどうやって送ったのかを映像とともに見せて説明するなど、教養も深めながら学んでいくことで、より身近に感じてもらえるようにしています。国語科はあまりそういうイメージはないかもしれませんが、受動的ではなく、能動的に生徒が学べるようになってくれることを期待しています」と説明してくれたのは国語科の伊藤拓先生。

一方的に知識を押しつけるのではなく、生徒の知的好奇心も引き出しつつ、時代背景などもふまえて考えさせることが意識されているそうです。

そんな東京都市大付属の国語科の授業のおもしろさを、在校生の高1の2人に聞いてみました。

在校生が語る 国語科のおもしろさ

太田翔さん「現代文では、小学校までと違い、文章を論理的に読解していくことに重きがおかれていると感じます。また、その文章が書かれた歴史的背景なども絡めて説明してくれるのもすごくおもしろいです。中学生になるまでは、ただ文章を読んだり、漠然と問題を解いたりしていただけなので。こんな授業を受けていると国語が好きになるんだなというのが、東京都市大付属の国語なのかなと思います」

川島陽瑛さん「哲学的な、考えさせる内容の授業も多くて、そういう部分も特徴かなと思います。

また、古典は、まず文法を丁寧に教えてくれることが特徴の1つだと思います。伊藤先生は『文法はパズルのようでおもしろいんだよ』と話してくれて、実際に授業を受けていると本当にそう感じられるようになりました。入り口でおもしろいと思えるようになると、その後の授業も前向きに取り組めますよね」

科目を問わず、生徒同士で話しあったり、発表したりする授業が多いのも特徴だと2人は話します。

太田さん「現代文ではグループワークとまではいきませんが、記述問題が授業中に出た場合に、自分が書いた解答に対して、それが正しいのかを周りの同級生と話しあうということとは毎回あります。

古典に関してはもっと発展的な感じで、教科書のある部分の文章の解釈や訳についての授業を数人のグループごとに順番にやっていくという授業があります」

川島さん「これが難しくて、個人での活動と班全体での活動の両方がうまくいかないといい授業になりません。僕の班は今回の授業では苦戦中です」

太田さん「僕の班はまとめ役がいなくて、事前のすりあわせなどがうまくいかず、伊藤先生からかなり厳しい評価を受けました……」

「もちろん、そのあとに生徒が授業を行った部分のフォローを私がして、遅れやもれがないようにしています。生徒たちが考えることで様々な解釈が出たり、そこに目をつけたか、というような深い議論があったりと、成長ぶりに驚くことも多々あります。一方で、2人が話してくれたように失敗することもあるのですが、それ自体が大切な経験となります。自分たちでやることで、なにがよくてなにが悪かったのかもよく見えてきます」と伊藤先生が話されるように、先生の授業を受動的に受けているだけでは得られない気づきがたくさんあるのも東京都市大付属の国語科の特色の1つです。

そして、中1からこうした授業を積み重ねていくことで固めた基礎が、大学受験を控えた高3になると、様々な試験スタイルで必要となる記述に活きてくるのです。

「授業や部活動など、学校生活の自由度が高いのも魅力です」（太田さん）

「勉強のモチベーションを上げてくれる仕掛けが色々とあるのも特徴だと思います」（川島さん）

2人も笑顔でそのよさを語ってくれた東京都市大付属。まずは学校に足を運び、ぜひその雰囲気を肌で感じてみてほしいところです。

左が川島陽瑛さん、右が太田翔さん。川島さんが持っているのは私物の国語辞典で、気になった言葉のページに貼っている付箋の多さが川島さんの「国語好き」を証明するかのようです

Event Schedule
〈すべて要予約〉

- 入試説明会
  11月20日(日)10：00～12：30
- 「授業見学ができる」水曜ミニ説明会
  11月30日(水)10：00～11：30
- 「授業見学ができる」土曜ミニ説明会
  1月14日(土)10：00～11：30

ジュクゴンザウルスに挑戦！

熟語パズル

四字熟語の「ぐるぐるパズル」です。左の16文字の方陣にはそれぞれ漢字が入ります。太線で囲まれた㋐～㋓のブロック（４マス）には時計回りに四字熟語が入ります。

【問題Ａ】まず、周囲の４マスを四字熟語で埋めます。下の【四字熟語の意味】と、四字熟語の始まりを示す回転矢印もヒントです。例えば右上の４マス㋐の「番」は四字熟語の４番目の漢字です。周囲の４マスを埋め終わり、中央の４マスに四字熟語が現れたら、それが答えです。

【問題Ａ】

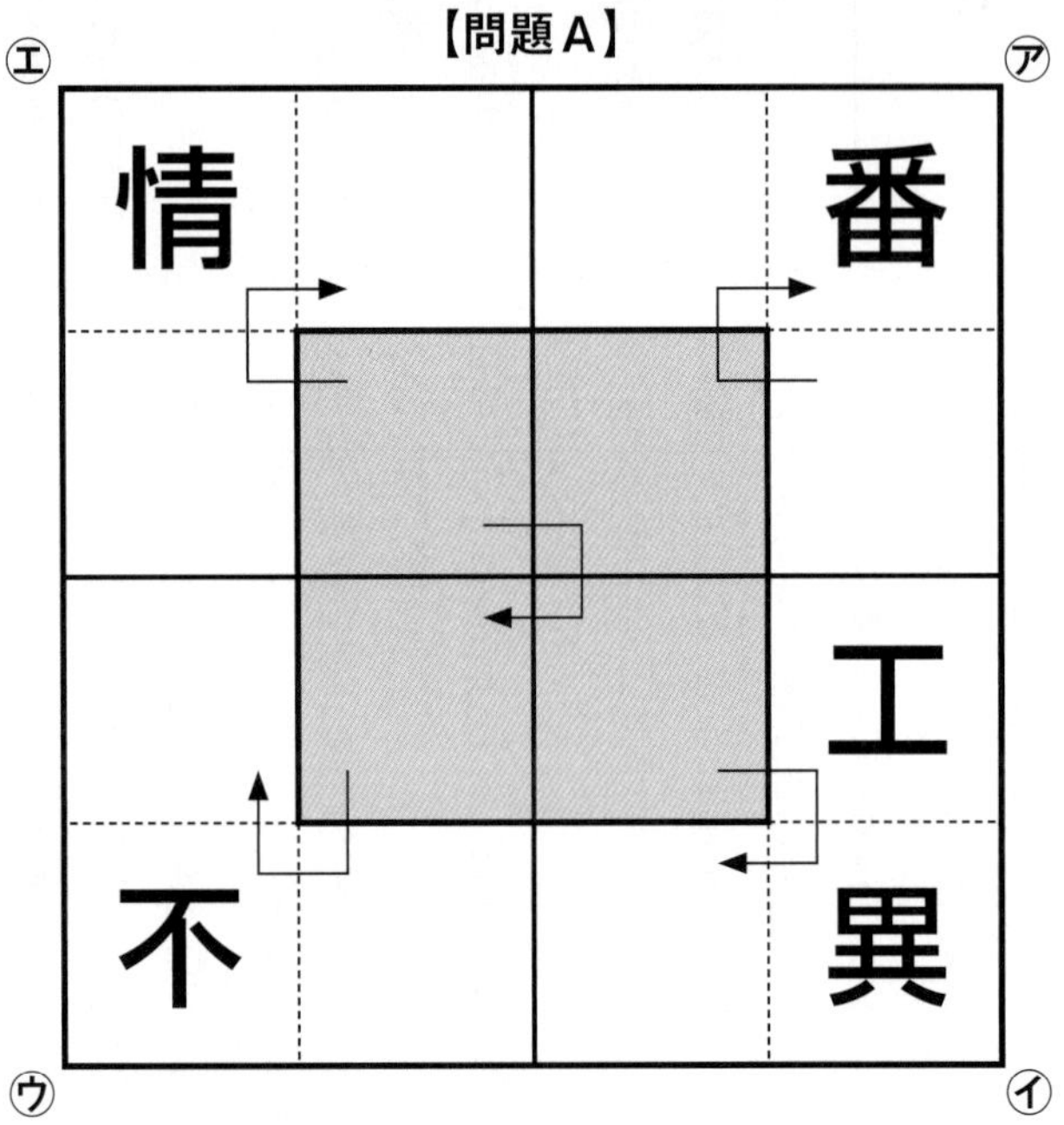

※問題を解く前に左ページ下にある【ぐるぐるパズルの解き方】も読みましょう。

【四字熟語の意味】

㋐なにかを話し始めるとき一番最初に言う言葉。口を開くやいなや　㋑手法や技術に大きな差はないが、趣きや見た目が違っていること。同じ意味を表す四字熟語で「異」から始まるものもある　㋒消息が途絶えていて連絡が取れない。安否不明　㋓日本とは違う、いかにも外国らしい風物が生み出す雰囲気や気分のこと

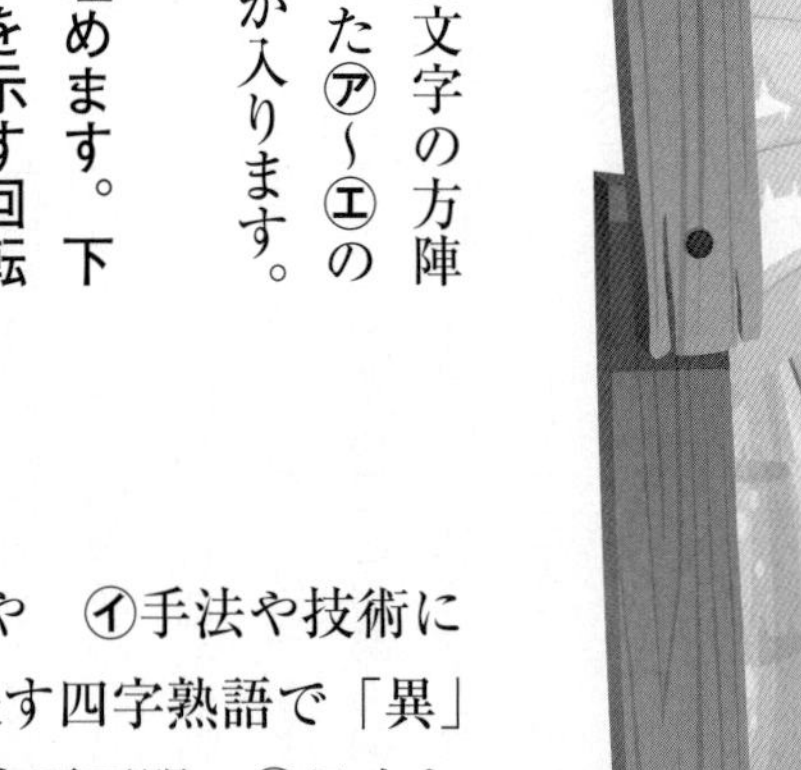

【問題Ｂ】右ページと同様に、周囲の４マスから四字熟語で埋めていきます。下の【四字熟語の意味】がヒントです。また、四字熟語の始まりを示す回転矢印も参考にしてください。例えば右上の４マス㋔の「専」は四字熟語の３番目の漢字だということがわかります。周囲の４マスを埋め終わり、中央の４マスに四字熟語が現れたら、それが答えです。

【問題Ｂ】

㋗ (top left) / ㋔ (top right) / ㋖ (bottom left) / ㋕ (bottom right)

回		意	専
死			
触		観	定

【四字熟語の意味】

㋔ひたすら１つのことに気持ちを集中させること　㋕考え方が固まりすぎていて、周囲の状況の変化や、他人の意見に耳を貸すことがない頑固な考えや意識のこと　㋖小さなきっかけですぐにでも緊急事態が発生しそうな危機にあるさま　㋗危機に直面した状態を、一気によい方向に立て直すこと

【ぐるぐるパズルの解き方】

この問題例は、都道府県名のうち４文字の県名を探し出していくパズルです。まず、周囲の４マスを矢印に従って考えます。左の４マスには「カ」で始まるカゴシマ、あるいはカナガワが、どちらかに入ることになります。周囲の４マスが埋まり、中央の４マスに県名が現れたら、それが答え「ヤマナシ」です。

答えは104ページ

【例】

カ			キ
カ			
			カ

【例の答え】

カ	ゴ	ザ	キ
マ	シ	ヤ	ミ
カ	ナ	マ	オ
ワ	ガ	ヤ	カ

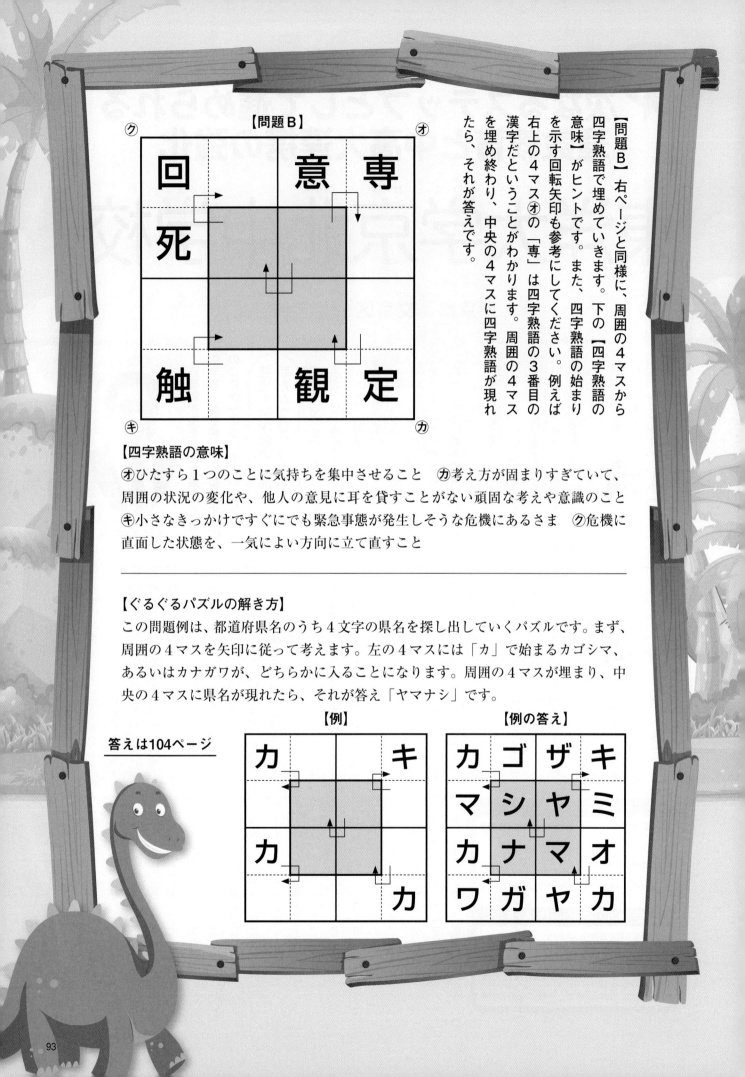

魅力に迫る

次なるステップとして進められる理数教育と中高大連携の強化

東洋大学京北中学校（とうようだいがくけいほく）

■ 東京都　文京区　共学校 ■

昨春新校長を迎えた東洋大学京北中学校。星野純一郎校長先生に同校のこれからについて伺いました。

星野 純一郎（ほしの じゅんいちろう）校長先生

独自の哲学教育に加え新たなプログラムも

東洋大学京北中学校（以下、東洋大京北）は、昨年校長に就任された星野純一郎先生のもと、独自の取り組みをさらに充実させるとともに、新たなプログラムを始めています。

東洋大京北がめざすのは「本当の教養を身に付けた国際人の育成」。その教育の柱は、哲学教育、国際教育、キャリア教育の3つ。なかでも、哲学教育は他校にはない同校ならではのものです。全学年で「哲学」の授業が実施され、哲学エッセーコンテストも開催。希望者は哲学ゼミや刑事裁判傍聴学習会などにも参加可能です。

昨年は、これらの取り組みに加え、海外の研修生を対象とする特許庁委託事業「知財研修」に高2が参加し、パテントコンテスト※の取り組み内容を英語で説明しました。

一方で、2019年からは東洋大学の生命科学部、食環境科学部と連携した課題発見型実験講座「未来の科学者育成プロジェクト」をスタートし、理数教育にも力を入れています。

「このプロジェクトは『ふわふわスポンジケーキを作る条件を探ろう！』『乳酸菌を発見してヨーグルト作りに挑戦しよう』などの5つのテーマからいずれかを選び、実験や課題解決に取り組むものです。当初は中3の希望者が対象でしたが、高校でも継続したいという声があり、現在は高1も参加しています。

昨年は数学もテーマに加わり、プロジェクトに参加した生徒と教員による発展的プログラム『KSST（京北スーパーサイエンスチーム）』もスタートしました。

東洋大学と深い関係にある東京大学内にラボを持ち、バイオ3Dプリンティング技術を実用化しているベンチャー企業などとの体験学習や研究所、博物館を含むフィールドワークも実施しました。また来年度へ向け、ハワイ島における大規模フィールドワークの準備も着々と進めています」（星野校長先生）

このように東洋大京北は附属校としての強みを持つとともに、東洋大学への推薦入学枠も用意しています。さらに、難関大学や国公立大学への進学のためのサポート体制が万全に整えられているのも魅力です。

独自の哲学教育、理数教育を通じて、幅広い教養を身につけられる東洋大京北。今後さらに魅力的な人材を輩出していくに違いありません。

「どんなことにも挑戦するという貪欲（どんよく）な気持ちを持って、諦めない姿勢で物事に取り組める生徒さんを待っています。いま苦手なことがあったとしても、大切なのは入学してからどう頑張るかです。成長しようと頑張る、私が見たいのはそんなみなさんの姿です。本校で新しい自分を見つけましょう」（星野校長先生）

入試イベント

学校説明会 要予約
12月17日（日）
15:00〜16:30

入試問題対策会 要予約
12月24日（日）
動画配信により実施

入試報告会＆学校説明会
要予約
3月11日（日）
15:00〜16:30
小5（新小6）以下対象

※日程は変更の可能性があります

SCHOOL DATA

所在地 東京都文京区白山2-36-5
アクセス 都営三田線「白山駅」徒歩6分、地下鉄南北線「本駒込駅」徒歩10分、地下鉄丸ノ内線「茗荷谷駅」徒歩17分、地下鉄千代田線「千駄木駅」徒歩19分
TEL 03-3816-6211
URL https://www.toyo.ac.jp/toyodaikeihoku/jh/

※自ら考え出した発明を応募するコンテスト

駒込中学校【共学校】

KOMAGOME JUNIOR HIGH SCHOOL

時代の先進校！ 駒込中学校 今年度も続く『本気の教育改革』

目的の異なる2つの『適性検査型入試』

毎年多くの受験生が受験する駒込中学校（以下、駒込）の「適性検査型入試」。目的別の2つの入試に絞り、両方とも2月1日午前に実施します。1つは都立最難関中高一貫校に準拠した問題で「適性Ⅰ・Ⅱ・Ⅲ」の3科目、もう1つは区立中高一貫校に準拠した問題で「適性1・2・3」の3科目です。いずれも成績上位者には6種類の特待生制度が適用されます。

2月2日午前入試に「特色入試」＋「英語入試」を実施

2024年の大学入学共通テストでは「情報」が科目に追加され、コンピューターによるテストやプログラミングの試験なども予定されています。すでにお子様をプログラミング教室に通わせているご家庭もあり、身の回りにある「課題を発見」し、プログラミングしたロボットを作ることでその「課題を解決」する力はますます重視されています。そこで駒込では、「特色入試」としてそれらの力を測る入試を実施しようと考え、2月2日午前入試に「プログラミング入試」を行っています。

また、駒込では中学でも高校でも「調べる能力」や「発表する能力」を高める授業を展開。中学入試においても、iPadや図書室の蔵書を使って調べ学習をしたり、「プレゼンテーション資料」を作成したりする「自己表現入試」を同じく2月2日午前の「特色入試」で実施しています。

さらに、英検準2級以上取得者は英語の試験が100点換算で免除となる「英語入試」も2月2日午前に実施。このように、多様性あふれる受験生をあらゆる方面から応援する仕組みが整っているのです。

新しい時代の新しい駒込へ！ 時代の変化を乗り越える力を

駒込は「一隅を照らす」という言葉を建学の精神に据え、仏教を人間教育のいしずえにしています。一方で全科目の授業でタブレット端末を活用するICT教育や、習熟度別の英語教育など、新しい時代に沿った教育も展開することによって、伝統と革新を調和させてきました。グローバル社会において否応なく新しい時代がやってこようとしているなか、駒込の生徒や教員は失敗を恐れず「まずやってみる」ことを大切にしています。挑戦には失敗がつきものですが、それを繰り返し、新しい自分を見つけてもらいたいと駒込は考えています。

時代がどんなに変化しようとも変わらない、人とのつながりを大切にする心を育んだうえで、自分に自信を持ち、仲間とともに乗り越えられる力を身につけさせていきます。

◉2023年度　中学入試日程

第1回

日　程	2月1日㊌午前
受験型	2科目・4科目 適性検査型A（3科目 Ⅰ・Ⅱ・Ⅲ） 適性検査型B（3科目 1・2・3）
定　員	国際先進コース50名

第2回

日　程	2月1日㊌午後
受験型	2科目
定　員	国際先進コース25名

第3回

日　程	2月2日㊍午前
受験型	2科目・4科目 プログラミング入試 自己表現入試　英語入試
定　員	国際先進コース25名

第4回

日　程	2月2日㊍午後
受験型	特待入試　1科目（算数・国語）
定　員	国際先進コース10名

第5回　※帰国生入試も有。

日　程	2月4日㊏
受験型	2科目
定　員	国際先進コース10名

SCHOOL DATA

Address
〒113-0022
東京都文京区千駄木5-6-25
Access
地下鉄南北線「本駒込駅」徒歩5分、地下鉄千代田線「千駄木駅」・都営三田線「白山駅」徒歩7分
TEL 03-3828-4141
URL https://www.komagome.ed.jp/

学校説明会　要申込
11月19日㊏ 14:00～15:30
12月11日㊐ 10:00～11:30
　　　　　 14:00～15:30
1月 8日㊐ 10:00～11:30

三田国際学園中学校

MITA International School

School Information
〈共学校〉

Address
東京都世田谷区用賀2-16-1

TEL
03-3707-5676

Access
東急田園都市線「用賀駅」徒歩5分

URL
https://www.mita-is.ed.jp

教育理念を体現し それぞれに個性あふれる 新しい3つのクラス

文系・理系の垣根なく、自ら学び、考え、表現できる、これからの社会に必要とされる人材を育てる教育を、他校にさきがけて行っている三田国際学園中学校。その学びをさらに推し進めるための新しいクラス編成について紹介します。

あなたはどれを選ぶ? 魅力的な新しいクラス編成

『サクセス12』7・8月号の記事に引き続き、今回は三田国際学園中学校（以下、三田国際学園）の各クラスの特徴を紹介していきましょう。

三田国際学園は、2022年度入学生からクラス編成を大きく改変しました。これまでの本科クラスが「インターナショナルサイエンスクラス」（ISC）に、名前だけでなくカリキュラムや特徴も一新されています。「インターナショナルクラス」（IC）と「メディカルサイエンステクノロジークラス」（MSTC）は、名称こそこれまでと同じですが、教育カリキュラムはさらにブラッシュアップされています。

3クラスともそれぞれに個性を持ちながら、三田国際学園の強みであり、教育の柱として重視している3つのキーワード「THINK & ACT」「INTERNATIONAL」「SCIENCE」（7・8月号で詳しく紹介）をしっかりと体現しているクラスとなっています。

まずはISCから見ていきましょう。このクラスは、本科クラスの良さを受け継ぎながら、「INTER-NATIONAL」の部分にも従来以上に力を入れるクラスとなりました。

三田国際学園には、帰国生入試を経て入学してくる、英語力が高く、バックボーンも多様な国際生が多くいますが、そうした生徒たちはこれまではICにのみ在籍していました。ダイバーシティー（多様性）を大切にしている三田国際学園としては、彼らのプラスの影響力を学校内全体で共有したいという思いのもと、全クラスに帰国生が在籍する環境を作りました。

それに伴い、ISCでは英語は習熟度別にStandard、Intermediate、Advancedの3つのクラスに分かれて授業が行われます。最も初歩的なクラスのStandardも、ネイティブスピーカーの教員を主体としたチーム・ティーチングで進められます。

そう聞くと、英語には自信がない

【表】2023年度　三田国際学園中学校　募集要項

試験日	2月1日（水）		2月2日（木）	2月3日（金）	2月4日（土）
	午前	午後			
入試区分	第1回	第2回	第3回	MST入試	第4回
募集定員	ISC（※1）：15名 IC（※2）：15名	ISC：25名 IC：25名	ISC：25名 IC：20名	MSTC（※3）：30名	ISC：5名
選考方法	ISC、ICともに4教科	ISC：4教科または 英語・国語・算数・面接 IC：4教科または英語・面接	ISC：4教科または 英語・国語・算数・面接 IC：4教科または英語・面接	算数・理科	4教科

	4教科	英語・国語・算数・面接（ISC）	英語・面接（IC）	MST入試
時間・配点	国語・算数 （各50分／各100点） 社会・理科 （計50分／各50点） 合計300点	英語（リスニング含む） （60分／100点） 国語・算数 （計50分／各50点） 面接（英語と日本語） 本人のみ	英語（リスニング含む） （60分／100点） 面接（英語と日本語） 本人のみ	算数・理科 （各60分／各100点）

※1：インターナショナルサイエンスクラスの略
※2：インターナショナルクラスの略
※3：メディカルサイエンステクノロジークラスの略、1年次はISCに所属

という人は不安に思われるかもしれませんが、今井誠副校長先生は「本校の卒業生には、英語ゼロベースでスタートして海外大学に進学した生徒がたくさんいますから、安心してもらいたいです」と話されます。

Intermediate、Advancedの2つは、ネイティブ教員によるオールイングリッシュの授業となります。

三田国際学園は、「SCIENCE」をいわゆる文理に分けた考え方ではなく、だれにでも必要な現代の教養ととらえています。その「SCIENCE」の部分を培うのが、中1次に全クラスで行われる「サイエンスリテラシー」の授業と、中2・3次に行われる「基礎ゼミ」（ISC）、「基礎研究α」（MSTC）、「Academic Seminar」（IC）などのゼミナール形式の授業です。

まず「サイエンスリテラシー」で収集、分析、構築、表現という科学的アプローチのサイクルをつねに回し続けることの大切さ、基礎を学び、論理的思考を習慣化していきます。そして各クラスゼミナールの授業で、自ら設定した課題の調査・研究を行い論文にまとめることで、中1で習得したサイクルを身につけます。

ICは、英語力に応じて2つのグループに分かれます。

英語を初歩から学ぶ「Immersion」は、国語を除く主要4教科が中3までに段階的にオールイングリッシュになります。入学時の段階で帰国生レベルの英語力を持つ生徒が学ぶ「Academy」は、中1からオールイングリッシュで進められます。中3次には、オーストラリアで3カ月間のターム留学、もしくは1年間の長期留学に参加することが可能です（ISCも同様）。

ホームルームクラス自体は、英語力にかかわらず編成されることも特徴で、クラス内に多様な生徒が存在することで、様々な化学反応が起きることも期待されます。

ICは高校に進むと、インターナショナルコースとなり、国内同様に、海外大学進学も視野に英語で思考する力をつけていきます。その一環として、日本とオーストラリアのカリキュラムで学び、日本にいながら海外の高校卒業資格も得られる「デュアルディプロマプログラム」（DDP）もスタートしています。

また、ICにはこれまでゼミナール形式の授業はありませんでしたが、今春入学生からは、中1次にサイエンスリテラシー、中2からは「Academic Seminar」を受けることになったのも大きな変更点です。

MSTCは、MST入試で入学した生徒を優先的に、成績や志望理由などを考慮したうえで選ばれたISCの生徒で構成されます。

英語の授業はISC同様に習熟度別で受けながら、しっかりと英語力をつけていきます。研究を続けていけば、将来論文作成や学会発表など、理系分野でも英語は欠かすことができないツールです。研究活動を続けつつ英語力も伸ばせるところが、三田国際学園のMSTCの優れた点の1つといえるでしょう。

そして最大の特徴は、「基礎研究α」です。サイエンスリテラシーで身につけた科学的アプローチをもとに、基礎ゼミよりもさらに専門的に、そして、理数分野に特化した内容の講座を選択し、研究テーマを自分で設定して取り組みます。

博士号を持つ5人の教員たちの指導を、中学生のうちから受けながら、研究者たる姿勢で学んでいきます。

ぜひ、学校に足を運び その魅力を体感してみては

このように新しいクラス編成のもとで、さらに充実した教育がスタートしている三田国際学園。来春の入試について、最後に紹介します。

基本となる4教科入試は全教科、基本問題が30％、応用問題と思考力問題が35％ずつという割合。

三田国際学園の教育理念に従い、考えることに意欲的で、表現力が高い、思考力問題でしっかり得点できる受験生を評価したいという思いから、こうした配分となっています。

「思考力問題を重視してはいますが、一方で基本と応用で65％になるため、これまでの努力で積み重ねた基礎学力を発揮してもらえれば、合格基準に達することは十分にできますので安心してください」（今井副校長先生）

11・12月には、学校説明会と入試傾向説明会がそれぞれ同日に行われます。直接学校に足を運び、今回ご紹介した特色ある3クラスについての説明を聞きつつ、入試についての疑問点も解消してみませんか。

Event Information
〈すべて要予約〉

MITA International Festival
10月29日(土)・30日(日)

学校説明会・入試傾向説明会
11月19日(土)、12月17日(土)

国際生ガイダンス
11月11日(金) 17：00～

親子でやってみよう

科学マジック

紙で作り上げる花園

今回ご紹介するのは丸めてある折り紙が、
水に浸けると次々と花開くマジックです。はじめに花の元となる折り紙をいくつも作るのは大変ですが、
お父さん、お母さんとの折り紙のひとときも楽しいものです。
今回はこのページの「花園マジック」から見ていきましょう。用意するものや折り紙の作り方は次ページで説明します。

step 1 丸めた折り紙が並んでいるよ

薄い紙の上に、丸められた折り紙が並んでいます。さあ、なにが起こるのでしょう？

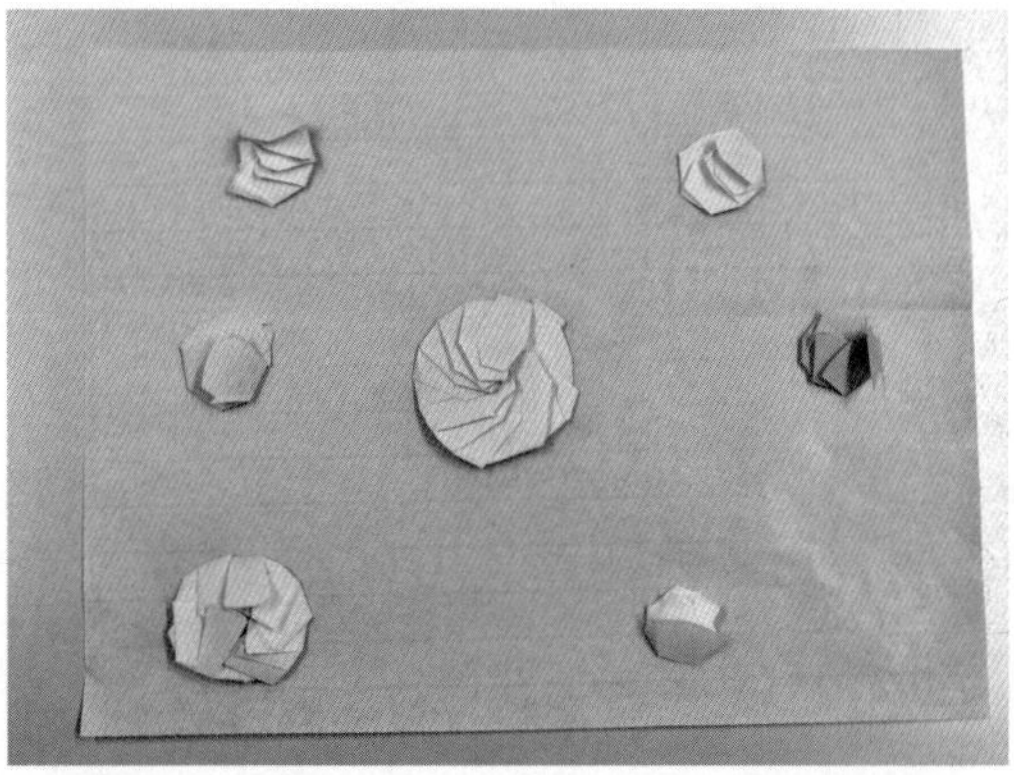

step 2 水に浸けてみる

丸められた折り紙を、すべていっしょに水に浸けてみましょう。

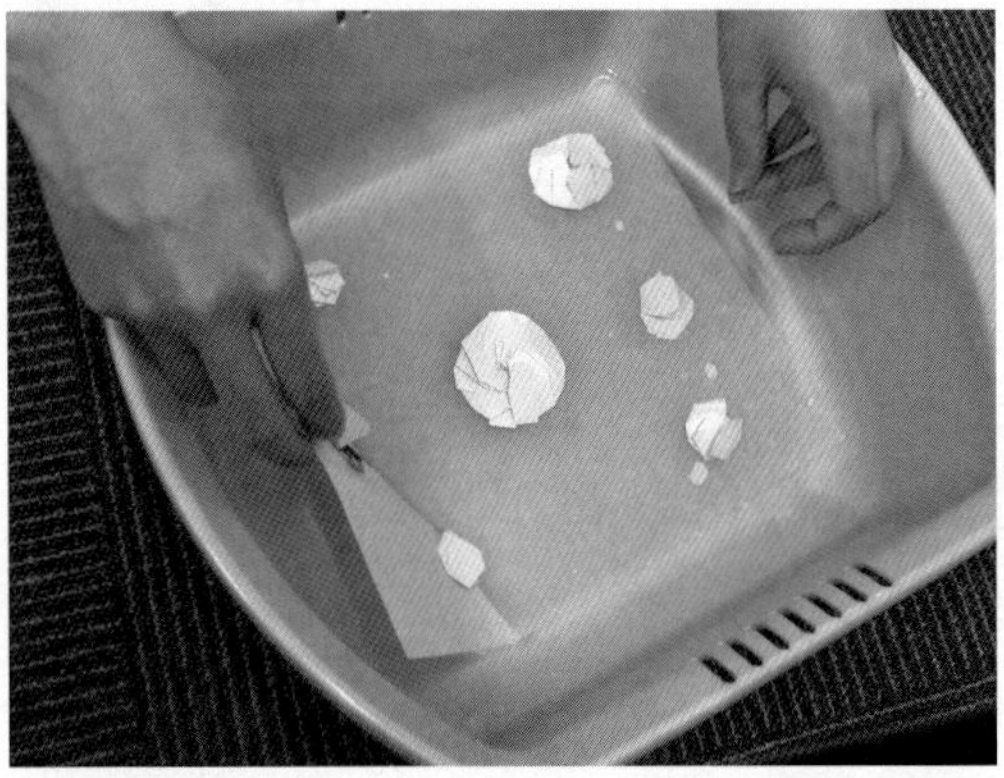

step 3 丸めた折り紙が開き始めた

水に浸けたとたん、1つの折り紙が開き始め、花になりました。（動画参照）

step 4 「きれい！」いっせいに花が

しばらくすると、次々に花が開きました。あれ、1つ、右下の白いのが丸まったままです。

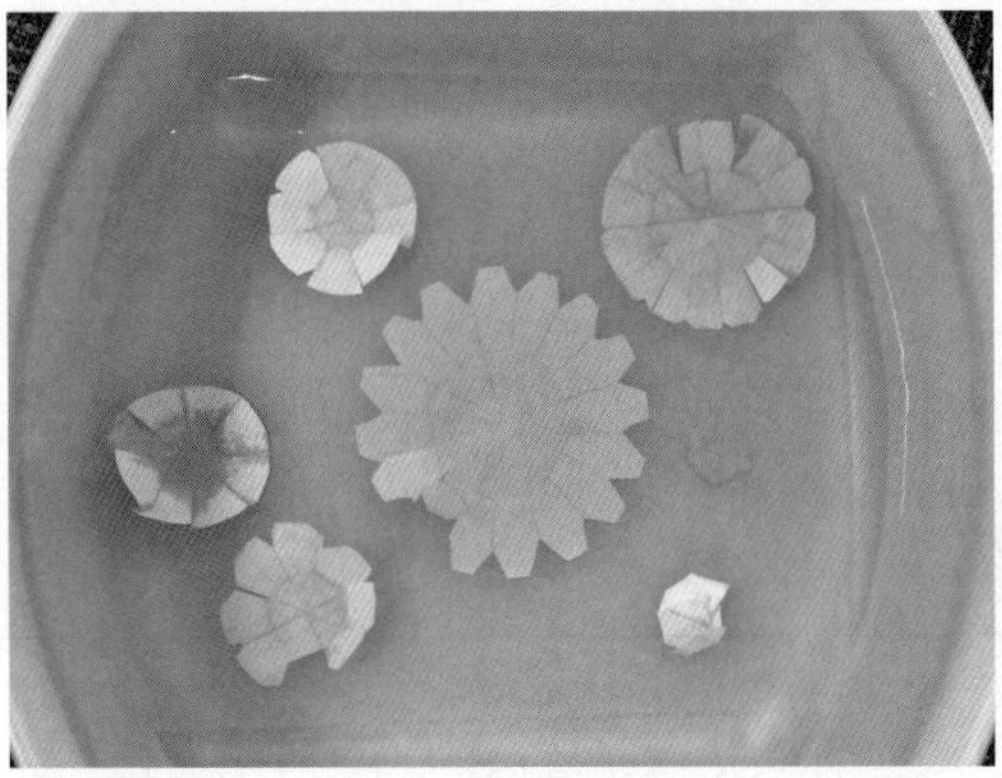

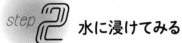

step 7 丸い紙を八つ折りにする

切り取った円型の折り紙を、色がつけてある方を内側にして半分に折ります。さらに半分に折ることを繰り返して八つ折りにします。

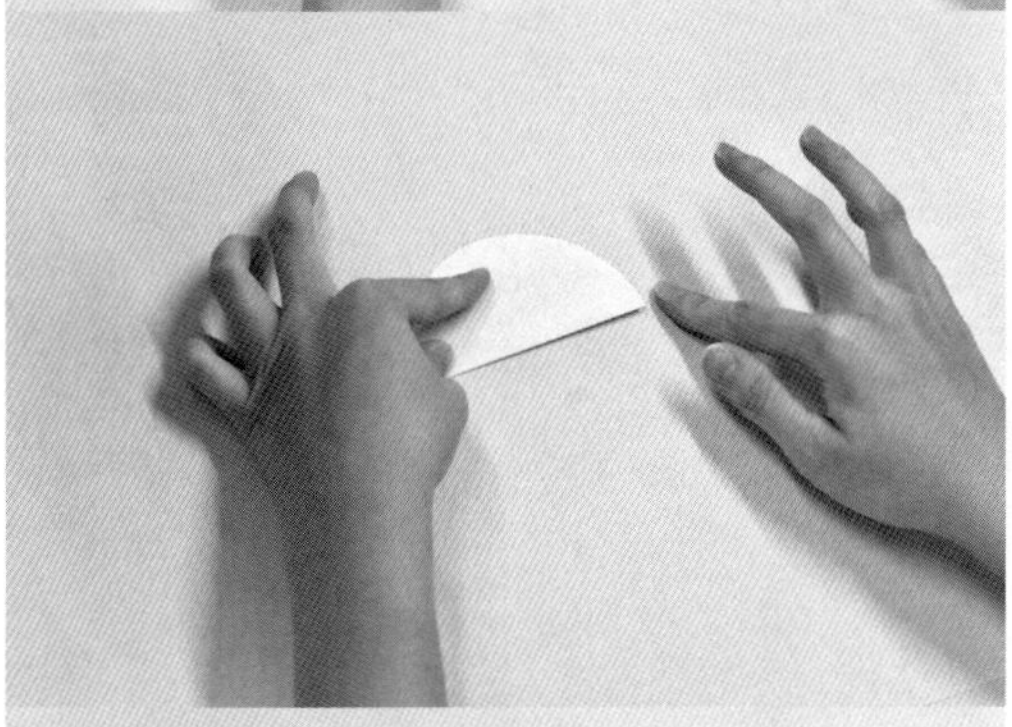

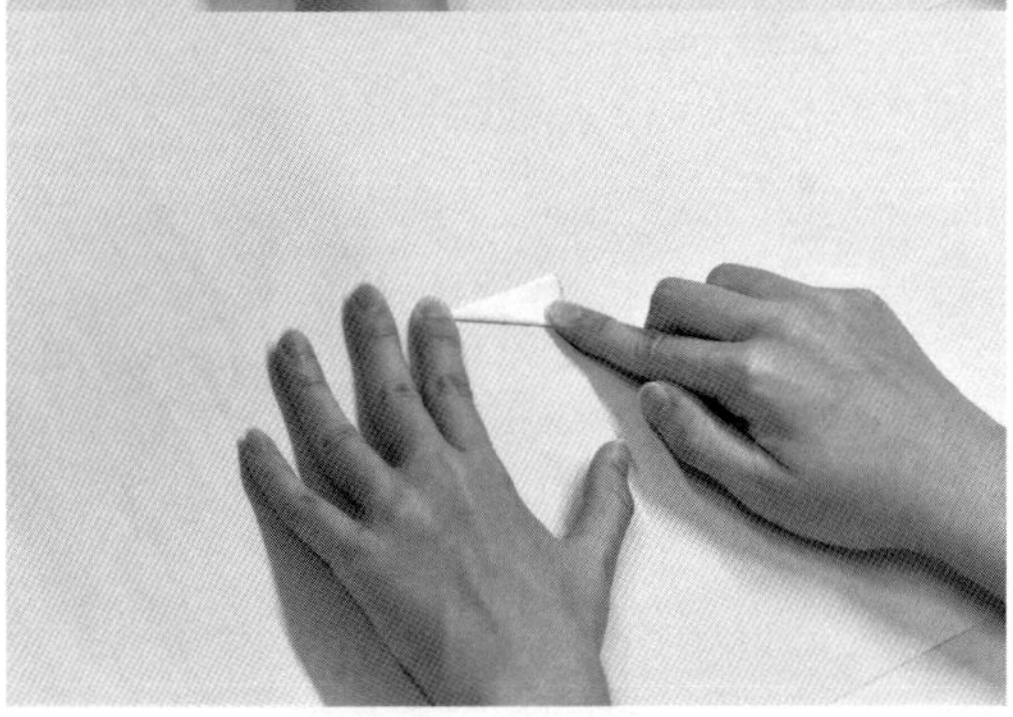

step 5 花園の作り方・用意するもの

①折り紙など色々な紙　②洗面器（深さ1㎝ほど水が入れてある）　③のり　④コンパス　⑤鉛筆　⑥はさみ

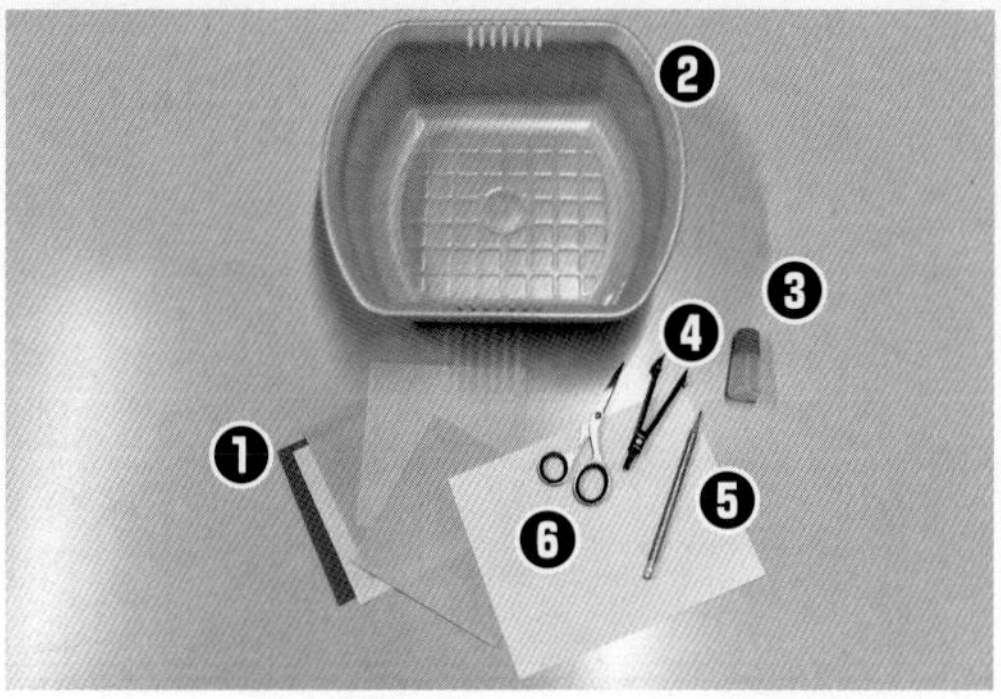

step 6 折り紙の裏に丸い形を描く

コンパスや鉛筆などで折り紙の裏に好きな大きさの丸い形を描き、はさみで切り取ります。

step 8 折り目にはさみで切れ目を

全体を広げてそれぞれの折り目に、中心に向けて３分の２ほどまで、はさみで切れ目を入れます。その切れ目に沿って中心に向けて１枚ずつ折り曲げ、それが花びらになります。すべてを折り曲げると下の写真のようになります。

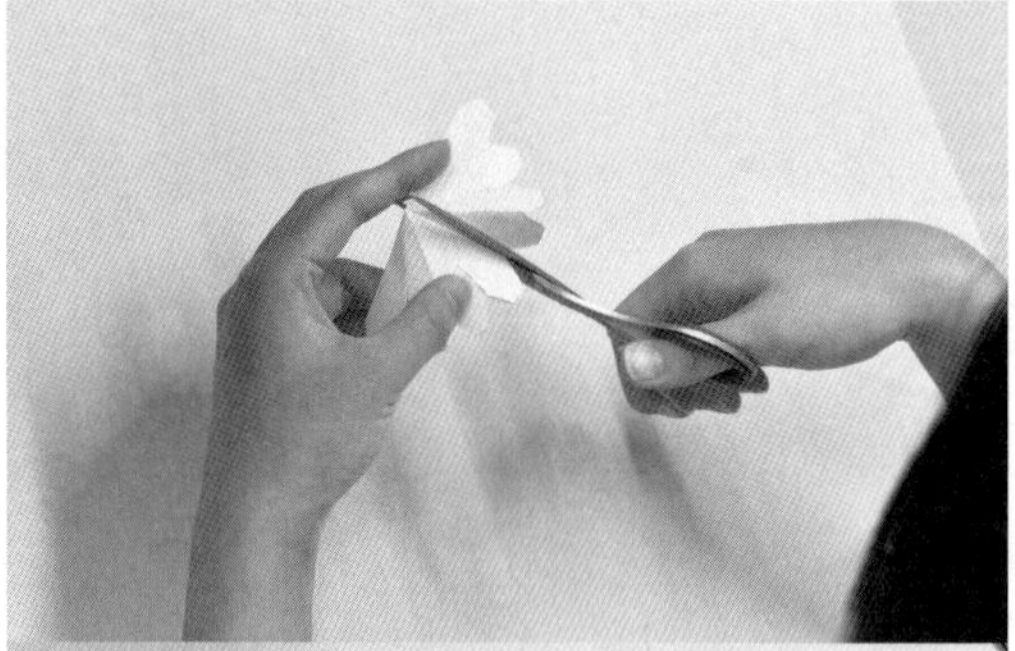

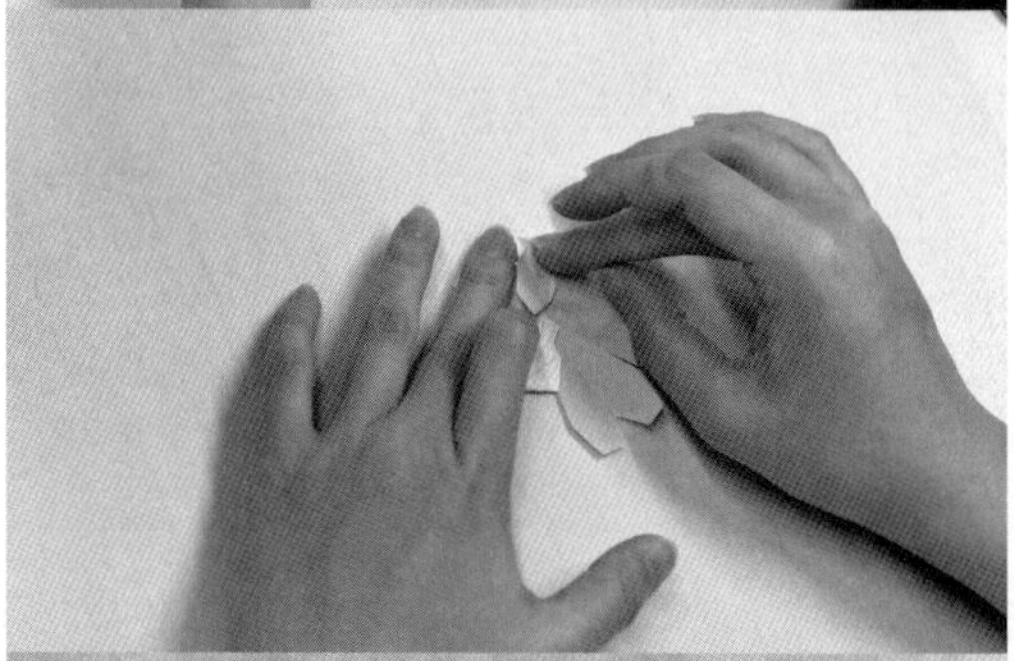

step 9 薄い紙に花をのりづけする

水をよく吸う薄い紙に、できあがった花をいくつかのりづけします。その仕上がりが98ページに戻ってstep 1のようになります。

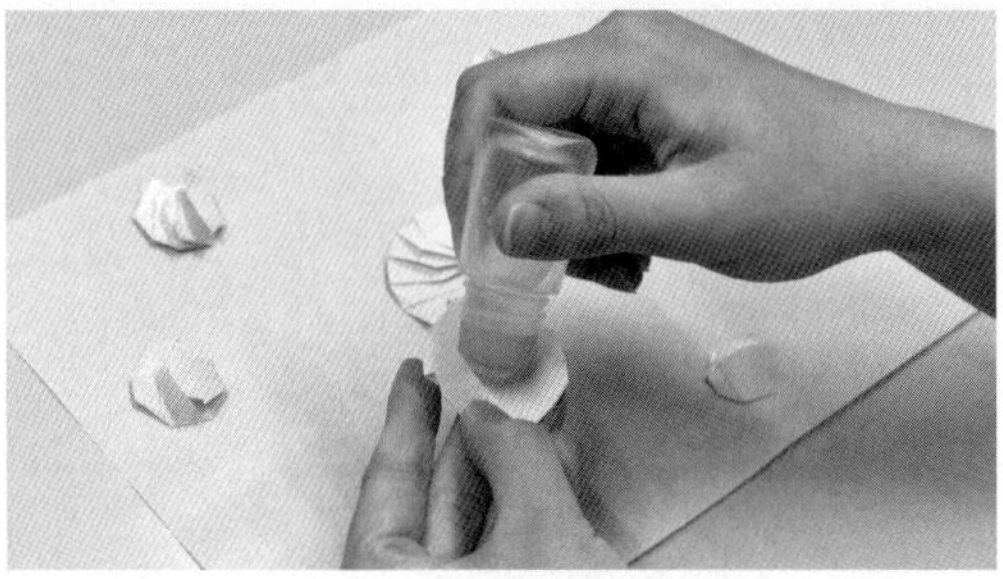

解説

紙は木材など植物の繊維でできています。パルプとして溶解されたあと用途に応じた集合体としてからみあわされ、乾燥して紙になります。紙を折りたたむと折り目の部分の繊維は引き伸ばされます。植物の繊維は水分を吸収すると太く短くなる性質があり、水に浮かべると繊維が水分を吸収して、引き伸ばされていた折り目部分の繊維が強く収縮します。

今回のマジックでは、花びらの部分の紙が水面に向けて引っぱられて折り目が伸び、花が咲くことになりました。水分で折り目が元に戻る現象は、綿や麻など植物繊維でできた布やワイシャツがシワになったとき、霧吹きやスチームで水分を与えるとシワが伸びるときにも見られます。今回、花が開くのに時間差があったのは、折り紙以外に色画用紙など数種類の紙を使ったためで、最後まで開かなかったのは耐水紙でした。

動画はこちら↑

You are the light of the world.
You are the salt of the earth.
あなたは世の光です。
あなたは地の塩です。
マタイ５章13節〜15節

そのままの あなたがすばらしい

学校説明会 Webより要予約

10.29 (土) 14:00〜15:30　終了後 校内見学（〜16:00）

11.19 (土) 10:00〜11:30　終了後 校内見学、授業参観（〜12:00）

過去問説明会 ●6年生対象 Webより要予約

12. 3 (土) 14:00〜16:00

親睦会（バザー） Webより要予約

11.13 (日) 9:30〜15:00　生徒による光塩紹介コーナーあり

校内見学会

月に３日ほど予定しております。
詳細は決定次第、ホームページにてお知らせいたします。

学校説明会、公開行事の日程などは本校ホームページでお知らせいたしますので、お手数ですが、随時最新情報のご確認をお願いいたします。

2023年度 入試概要

	第１回	第２回	第３回
受験型	総合型	４科型	４科型
募集人員	約30名	約50名	約15名
試験日	2月1日(水)	2月2日(木)	2月4日(土)
入試科目	総合 国語基礎 算数基礎	国語・算数 社会・理科 面接	国語・算数 社会・理科 面接
合格発表	2月1日(水)	2月2日(木)	2月4日(土)
出願方法	インターネット出願のみ		

動画で分かる
光塩女子学院

光塩女子学院中等科

〒166-0003　東京都杉並区高円寺南2-33-28　tel.03-3315-1911（代表）　https://www.koen-ejh.ed.jp/
交通…JR「高円寺駅」下車南口徒歩12分／東京メトロ丸の内線「東高円寺駅」下車徒歩7分／「新高円寺駅」下車徒歩10分

国際バカロレアMYP・DP認定校！

21世紀型教育を実践　開智日本橋学園の魅力

２０１５年４月にスタートした開智日本橋学園は「世界中の人々や文化を理解・尊敬し、平和で豊かな国際社会の実現に貢献できるリーダーの育成」を教育理念に、開智学園で培われた創造型・探究型・発信型の教育を取り入れ、さらに生徒の能動的な学びを深めた21世紀型の教育を行っていく共学校です。

平和で豊かな国際社会の実現に貢献するリーダーの育成

変化に富んだ現代社会を生きるためには、自分で課題を見つけ、解決し、新しいことを創造する力が必要不可欠です。そのため開智日本橋学園では、生徒自らが学ぶ「探究型の授業」や「フィールドワーク」などを通じて、世界が求める創造力、探究力、発信力を持った人材の育成をめざしています。

また学校生活のいたるところで、自らが判断し、自分の責任で行動することを生徒に求めています。学校行事やその他の自主的な活動等に自分の意志で挑戦することで、成功の感動、喜び、そして失敗の悔しさ、教訓等々を数多く味わってほしいと思っています。それらを積み重ねることで、人として大きく成長し、他者を理解できる心の広い人間に育ってもらえればと願っています。

生徒が主体になって学ぶ「探究型の授業」

開智日本橋学園の「探究型の授業」では、まず教師が疑問を投げかけ、生徒が様々な角度から考え、調べ、友だちと議論しあい、解決していきます。教師は、その過程で適切なアドバイスをし、生徒たちの思考がうまく進むようにリードしていきます。生徒自らが学ぶのが、この「探究型の授業」の特徴です。

また「探究型の授業」では論理的、批判的に物事を考える力や、課題を発見したり、問題を解決したりといった能力、さらにはコミュニケーション能力などを効果的に引き出すことができます。生徒自らが学んでいく形で行われる授業であるため、従来型の授業に比べ、生徒の学習意欲は非常に高くなっていきます。

中高一貫の国際バカロレア教育認定校（MYP・DP）

開智日本橋学園は、国際バカロレアのMYPおよびDPの認定を受けた中高一貫の国際バカロレア教育認定校です。

この教育の特徴は、知識の習得が目標なのではなく、実社会との結びつきという視点を持ちながら、自ら進んで考え、探究し、表現することで学んでいくというものです。

国際バカロレアの教育プログラムを取り入れることで、開智日本橋学園の教育理念である「生徒が自ら学ぶ探究型の学び」の効果は飛躍的に高められています。国際標準のこのプログラムは、海外大学への進学の可能性を広げるものではありますが、探究ベースの深い学びを実践するという点では、国内難関大学への進学を志す生徒たちにとっても大変効果のあるプログラムといえます。

「受験のためだけの勉強ではなく、生涯をかけて使える本物の学力、そ

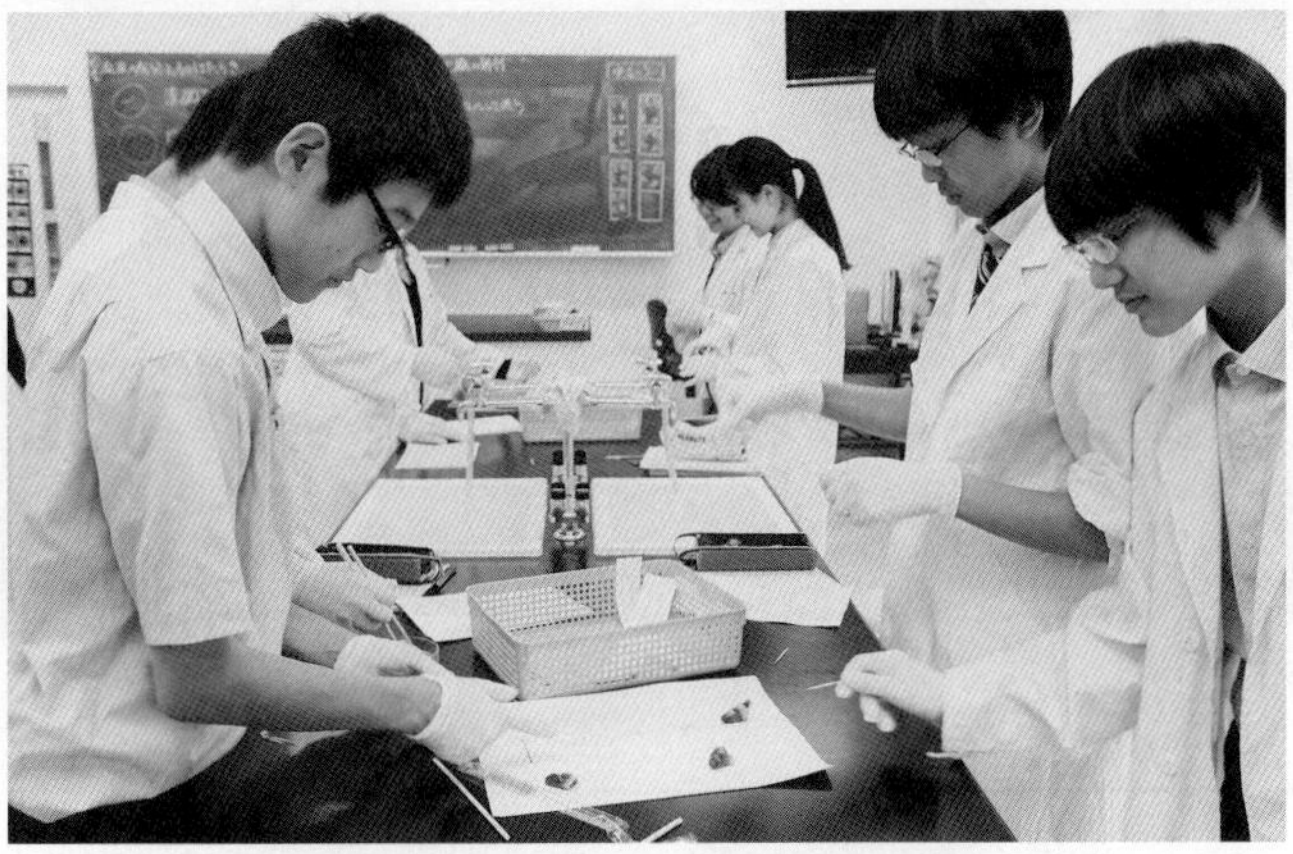

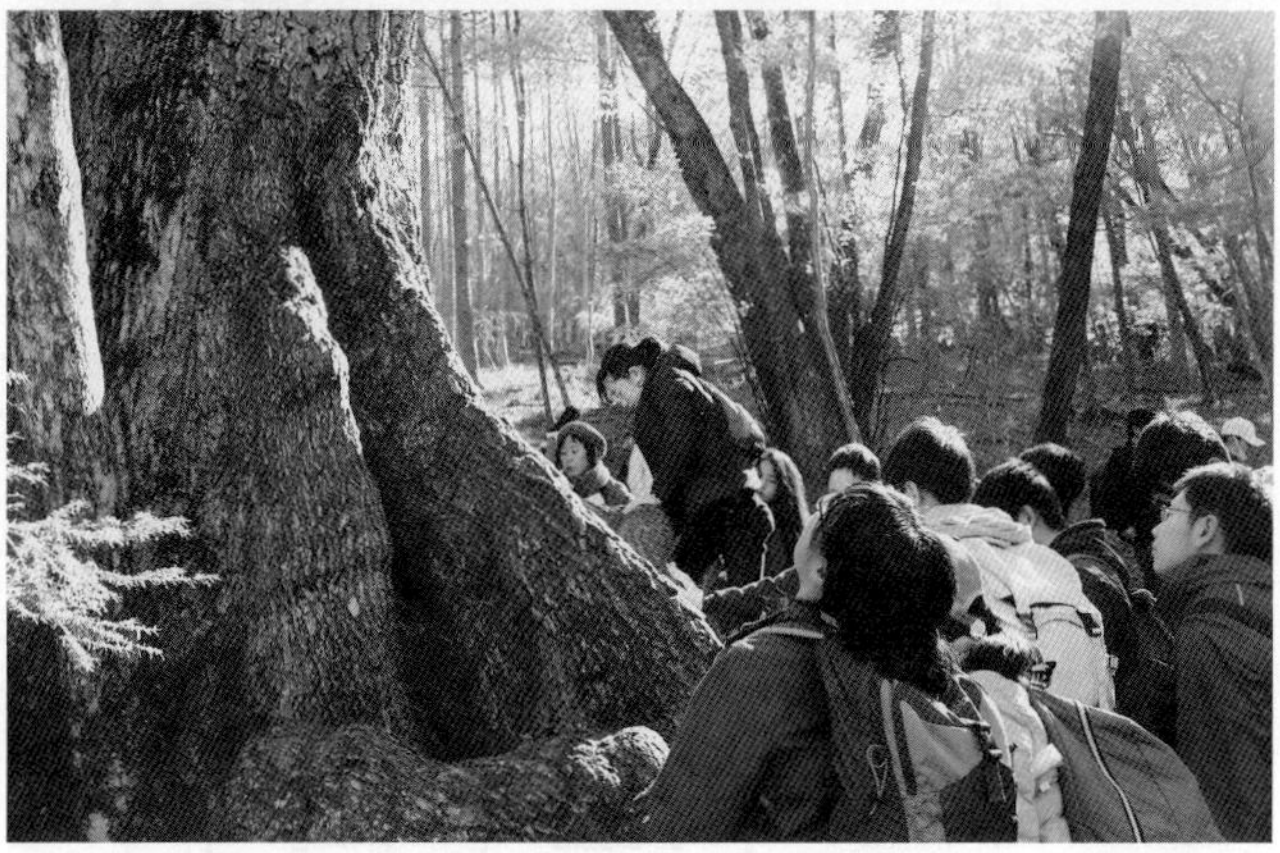

して自ら学び続けるという強い意志を育む」、これが国際バカロレア教育を取り入れた開智日本橋学園の教育目標です。

【入試の特色】算数単科入試でめざせる特待生

「中学校入学までに培ってきた様々な力を、もっとも発揮できる場で見せてもらいたい」という思いから開智日本橋学園では、2科（国語・算数）・4科（国語・算数・理科・社会）はもちろん、公立中高一貫校の適性検査に準じた適性検査入試など、様々な入試を行っています。なかでも特待生を選考する「特待入試」は、合格すれば必ず教育支援金が給付される特待生になることができる入試で、4科入試のみならず算数単科でも受験することができます。

基礎基本を着実に身につけた方、バランス良く4教科を学んできた方、英語力を生かしたい方、論理的思考力を磨いてきた方など、開智日本橋学園では、様々な個性や自分の得意なことを持った生徒を積極的に迎えることで、多様性豊かで、お互いが世界を広げあうことのできる環境の創造をめざしています。

中高一貫の国際バカロレア教育認定校となった開智日本橋学園。世界に羽ばたく生徒の夢の実現を応援しています。

開智日本橋学園中学・高等学校
<共学校>

〒103-8384　東京都中央区日本橋馬喰町２－７－６
TEL　03-3662-2507
https://www.kng.ed.jp
<アクセス>
JR総武線・都営浅草線「浅草橋駅」徒歩３分
JR総武線快速「馬喰町駅」徒歩５分
都営新宿線「馬喰横山駅」徒歩７分

《学校説明会日程》

11月12日(土)	10:00～/12:30～
12月 3日(土)	10:00～ ※出題傾向説明会
12月17日(土)	10:00～/12:30～
1月14日(土)	10:00～

※イベントの最新情報は学校ホームページをご確認ください。

ジュクゴンザウルスに挑戦！

熟語パズル

問題は92ページ

【問題A】

㋓ ㋐

情	緒	一	番
国	異	口	開
通	音	同	工
不	信	曲	異

㋒ ㋑

【問題B】

㋗ ㋔

回	生	意	専
死	起	一	心
即	発	念	固
触	一	観	定

㋖ ㋕

【問題A】の答えは中央の４マスに現れた四字熟語「**異口同音**（いくどうおん）」です。異口同音は、大勢の人が口をそろえて同じ意見をいうことで、多くの人の考えが一致することをさします。なお、異口は「いこう」と読んでも間違いではありませんが、現代ではこの読み方をする人はほとんどいません。異口同音と同じ漢字「異」が入っている、右下㋑の「同工異曲（どうこういきょく）」は「異曲同工」ということもあります。

【問題B】の答えは中央の４マスに現れた「**一念発起**（いちねんほっき）」です。それまでの考えを改め、あることを成し遂げようと決意し、非常に熱心に励むことをさします。

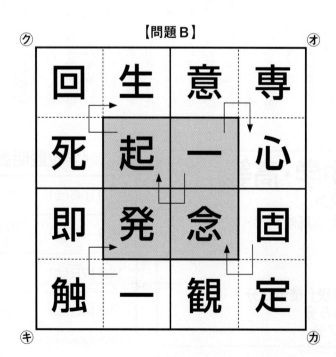

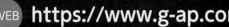

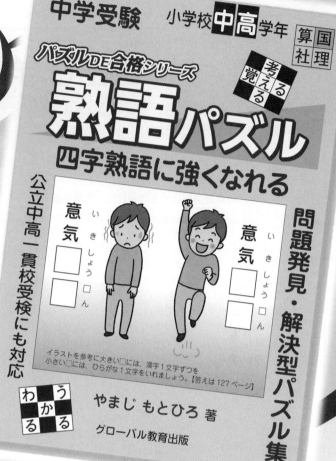

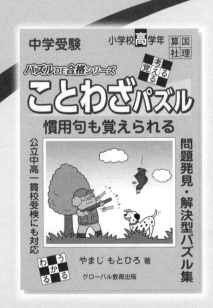

※日程・内容は変更の可能性があります。必ず各校のHPでご確認ください。

世田谷学園中学校

●東京都世田谷区三宿1-16-31　●東急田園都市線・世田谷線「三軒茶屋駅」徒歩10分、京王井の頭線「池ノ上駅」徒歩20分、小田急線・京王井の頭線「下北沢駅」徒歩25分　●03-3411-8661　●https://www.setagayagakuen.ac.jp/

問題

東北自動車道沿いにあるW市には、高速道路の出入り口がありません。高速道路の出入り口をつくることは、これからの市の発展のためには欠かせないと考えられています。しかし、W市の財政には余裕がなく、高速道路の出入り口は一つしか建設できません。X・Y・Zそれぞれの地区が、自分の地区に高速道路の出入り口をつくることを主張しています。次の地図や、あとの地区ごとの概要などをみて、W市が高速道路の出入り口を建設するべき地区を一つ選び、その地区を選んだ理由を説明しなさい。

＊　山がY地区とZ地区の境界となっています。

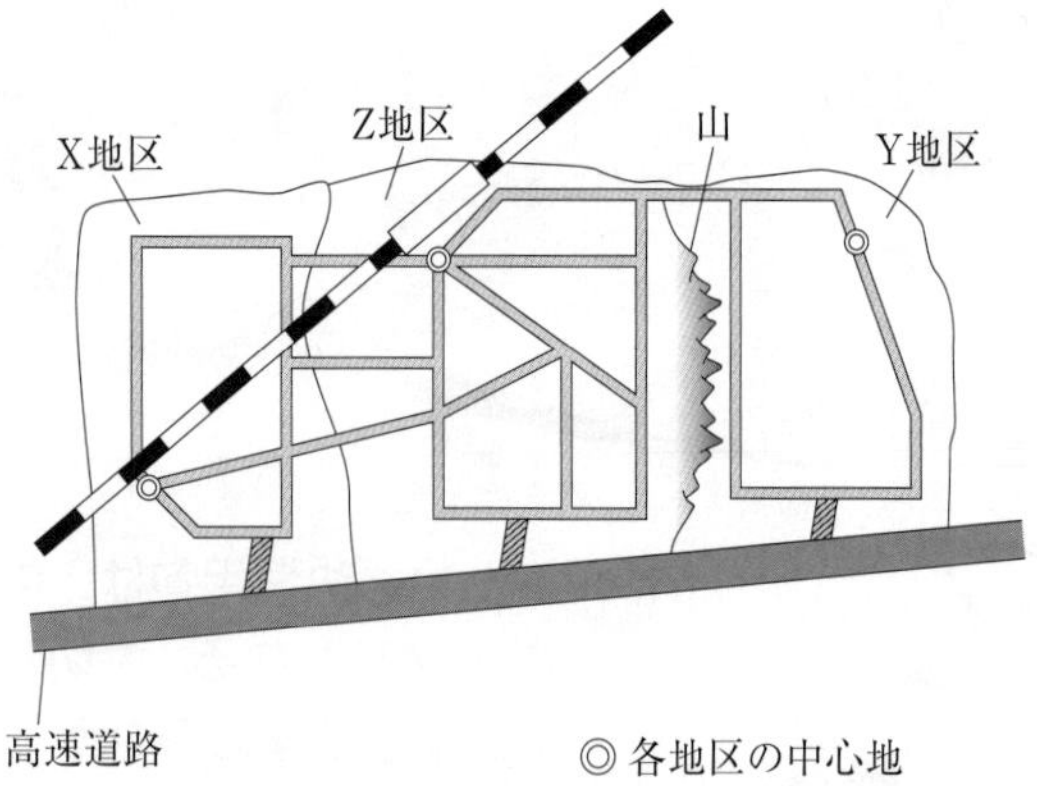

◎ 各地区の中心地
出入り口の建設予定地

［X地区概要］
〈人口10万人：面積30km²〉大規模なホテルや商業施設の建設をおさえ、古くからの街並みと自然の景観から、多くの観光客がやってくる。しかし、近年では、観光客が減少している。

［Y地区概要］
〈人口25万人：面積35km²〉古くから米作りが産業の中心となっている。ここで生産される米は大変評判がよく、近年では、インターネットでの売り上げも増えている。

［Z地区概要］
〈人口30万人：面積45km²〉商業がさかんで、郊外には工業団地も建設されている。中心にはW市で唯一のJRの駅があり、駅前ターミナルからはたくさんのバスが運行している。他地区からの人口の流入もあり、人口は増加傾向にある。

	X地区	Y地区	Z地区
65歳以上人口割合	35%	45%	20%
年平均所得	350万円	280万円	520万円
出入り口を建設するための費用	12億円	18億円	25億円
この地区に出入り口ができた場合の、市全体の経済効果	120億円	80億円	200億円
市議会議員の数	8人	12人	19人
X地区にできた場合、各地区の中心地からの所要時間	5分	60分	20分
Y地区にできた場合、各地区の中心地からの所要時間	60分	10分	30分
Z地区にできた場合、各地区の中心地からの所要時間	20分	40分	10分

解答（各地区の解答例）

【X地区】観光客がさらに増えることは、経済効果もあり、市のイメージアップにもつながることから、X地区に作ることが最も良い選択であると考える。

【Y地区】インターネットによる米の売り上げも増加しているため、出荷の利便性から、Y地区に作ることが最も良い選択であると考える。

【Z地区】人口が最も多く、市全体への経済効果が一番高いことや、工業団地からの製品の出荷の利便性などから、Z地区に作ることが最も良い選択であると考える。

6年生対象入試説明会〈要予約〉

11月19日（土）13:30〜15:30
11月20日（日）10:30〜12:30
12月10日（土）13:30〜15:30

5年生以下対象学校説明会〈要予約〉

12月11日（日）10:30〜12:30

私立中学の入試問題に

チャレンジ

Challenge!

東洋英和女学院中学部

●東京都港区六本木5-14-40　●都営大江戸線「麻布十番駅」徒歩5分、地下鉄日比谷線「六本木駅」・地下鉄南北線「麻布十番駅」徒歩7分　●03-3583-0696　●https://www.toyoeiwa.ac.jp/chu-ko/

問題

下の表は、あるガソリン自動車（A）、電気自動車（B）、水素自動車（C）が積むことのできる燃料の最大量・充電できる総電力量などをまとめてあります。

	ガソリン自動車（A）	電気自動車（B）	水素自動車（C）
燃料・電気の値段	1L で 150 円	1kWh で 30 円	1kg で 1200 円
燃料の最大量・総電力量	41L	62kWh	5.6kg
最長走行距離	820km	465km	800km
車からの温室効果ガスの排出	あり	なし	なし

※最長走行距離 … 最大量の燃料・充電で走行できる距離　　※ kWh … 電力量の単位

① ガソリン自動車（A）、電気自動車（B）、水素自動車（C）をそれぞれ1km走行させるときにかかる燃料・電気代が安い順に並べるとどのようになりますか。解答らんにA、B、Cの記号を書きなさい。

安い ←→ 高い

〔　　　〕〔　　　〕〔　　　〕

② 電気自動車（B）は、車からは温室効果ガスは出ませんが、完成した自動車を走らせるためには温室効果ガスが間接的に発生する場合があります。それはどのような場合ですか。20字以内で書きなさい。

解答 ①

安い ←→ 高い

〔 B 〕〔 A 〕〔 C 〕

② 電気を作るときに火力発電を行った場合。

学校説明会〈要予約〉

11月5日（土）
10:00〜、13:30〜、15:30〜
12月26日（月）
10:00〜、13:30〜、15:30〜
※両日ともに校内見学あり

入試説明会〈要予約〉

11月26日（土）9:00〜11:00

クリスマス音楽会〈要予約〉

12月10日（土）

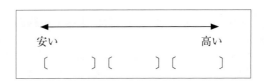

ともに学び、ともに挑む
自ら道を選ぶ場所

帝京大学中学校

TEIKYO

Teikyo University Junior High School

〒192-0361 東京都八王子市越野322 TEL.042-676-9511(代)

https://www.teikyo-u.ed.jp/

■ 2023年度 中学入試学校説明会 ※本年度の説明会はすべて予約制です

	実施日時		内容
第4回	11月12日(土)	14:00〜15:30	『帝京大学中学校入門 ―初めて参加される皆様へ―』 ・在校生保護者へのインタビュー「保護者から見た本校」
	11月13日(日)	14:00〜15:00	・11月12日(土)説明会の様子をYoutube限定公開で放映
第5回	12月17日(土)	10:00〜11:30 14:00〜15:30	『入試直前情報&過去問解説授業』 ・生徒より「先輩受験生からのメッセージ」
	12月18日(日)	14:00〜15:00	・12月17日(土)説明会の様子をYoutube限定公開で放映
第6回	4・5年生対象 3月 4日(土)	10:00〜11:30	『小学4・5年生対象 帝京大学中学校入門』 ・本校での学習と生活 ・入試結果分析
	3月 5日(日)	14:00〜15:30	・3月4日(土)説明会の様子をYoutube限定公開で放映

※説明会の予約方法は、各説明会の約1ヵ月前にホームページに掲載させて頂きます。

■ 2023年度 入試要項(抜粋)

	第1回	第2回(特待生・一般選抜)	第3回
試験日	2月 1日(水) 午前	2月 2日(木) 午前	2月 3日(金) 午後
募集定員	40名(男女)	40名(男女)	30名(男女)
試験科目	2科・4科の選択	4科(算・国・理・社)	2科(算・国)

●スクールバスのご案内

月〜土曜日/登下校時間に運行。
詳細は本校のホームページをご覧ください。

JR豊田駅 ⟷ 平山5丁目(京王線平山城址公園駅より徒歩5分) ⟷ 本校
⟵ (約20分) ⟶

多摩センター駅 ⟵ (約15分) ⟶ 本校

DEVELOPING FUTURE LEADERS

2022年度・大学合格者数
<卒業生108名>

国公立	23名
早慶上理	25名
GMARCH	60名
医歯薬看護	82名

新設の2コース

IT医学サイエンスコース
プログラミング 数学 医学 実験研究
各専門分野の研究者や開発者として、リーダーシップを発揮できる人材を育てます。

プログレッシブ政経コース
世界 英語 政治 経済
国際的な政治やビジネスシーンにおけるリーダーシップを発揮できる人材を育てます。

本校独自のグローバルリーダーズプログラム

- 各界の第一人者を招いて実施する年複数回の講演会
- 英語の楽しさを味わうグローバルイングリッシュプログラム
- 異文化を体感し会話能力を向上させるバンクーバー語学研修
- 各国からの定期的な留学生や大学生との国際交流

学校説明会

<本校HPよりご予約ください>

11月12日(土) 入試問題体験会・過去問解説会
12月17日(土) 体験授業(5年生以下対象)
3月11日(土) 体験授業(5年生以下対象)
いずれも10:00～12:00

新型コロナウイルス感染拡大の状況に応じて、説明会実施日の2週間前を目安に、実施の有無を判断し、ホームページに掲載いたします。
最新情報をホームページでご確認のうえ、お越しください。

2023年度 入試概要 <インターネット(Web)出願>

試験日		第1回 1/10(火)	第2回 1/11(水)	第3回 1/13(金)	第4回 1/15(日)
入試種別 試験会場	午前	4科 / 本校	4科 / 本校		特待チャレンジ入試(2科) / 本校
	午後	本校(2科・4科) 大宮会場【1】(2科) / 本校・大宮会場【1】(選択可)	特待入試(2科・4科) / 本校	IT医学サイエンス入試(算数1科) 大宮会場【2】(2科) / 大宮会場【2】	
募集定員		プログレッシブ政経コース 80名 IT医学サイエンスコース 80名			
試験科目		4科(国・算・社・理) 2科(国・算) 1科(算)			
合格発表 インターネット		午前入試 1/10(火)19:00予定 午後入試 1/10(火)23:00予定	午前入試 1/11(水)19:00予定 午後入試 1/11(水)23:00予定	1/13(金)23:00予定	1/15(日)19:00予定

大宮会場【1】TKPガーデンシティPREMIUM大宮　大宮会場【2】大宮ソニックシティ6階

春日部共栄中学校

〒344-0037 埼玉県春日部市上大増新田213 TEL.048-737-7611
東武スカイツリーライン／東武アーバンパークライン 春日部駅西口からスクールバス 7分
https://www.k-kyoei.ed.jp

田園調布学園 中等部・高等部

豊かな人生を歩める人になるために

建学の精神「捨我精進」のもと、協同探求型授業、土曜プログラム、行事、
クラブ活動など体験を重視した教育活動を展開しています。生徒が学内での活動にとどまらず、
外の世界へも積極的に踏み出していくよう後押しします。

学校説明会	**11月 5日(土)**
入試直前学校説明会【6年生対象】	**12月 3日(土) 12月14日(水)**
帰国生対象学校説明会	**11月 5日(土)**

2023年度入試日程

	第1回	午後入試	第2回	第3回	帰国生 帰国生オンライン
試験日	2月1日(水) 午前	2月1日(水) 午後	2月2日(木) 午前	2月4日(土) 午前	12月4日(日)
募集定員	80名	20名	70名	30名	若干名
試験科目	4科 (国・算・社・理)	算数	4科 (国・算・社・理)	4科 (国・算・社・理)	2科 (国・算または英・算) 面接

※ご参加には本校ホームページのイベント予約サイトより事前予約をお願いいたします。
※各種イベントは、今後変更の可能性があります。必ず本校ホームページでご確認ください。

詳細はHPまたはお電話でお問い合わせください

〒158-8512 東京都世田谷区東玉川2-21-8
TEL.03-3727-6121 FAX.03-3727-2984

https://www.chofu.ed.jp/

https://www.chofu.ed.jp/

新しい取り組みは学園ブログやFacebookにて更新していきます。ぜひご覧ください。

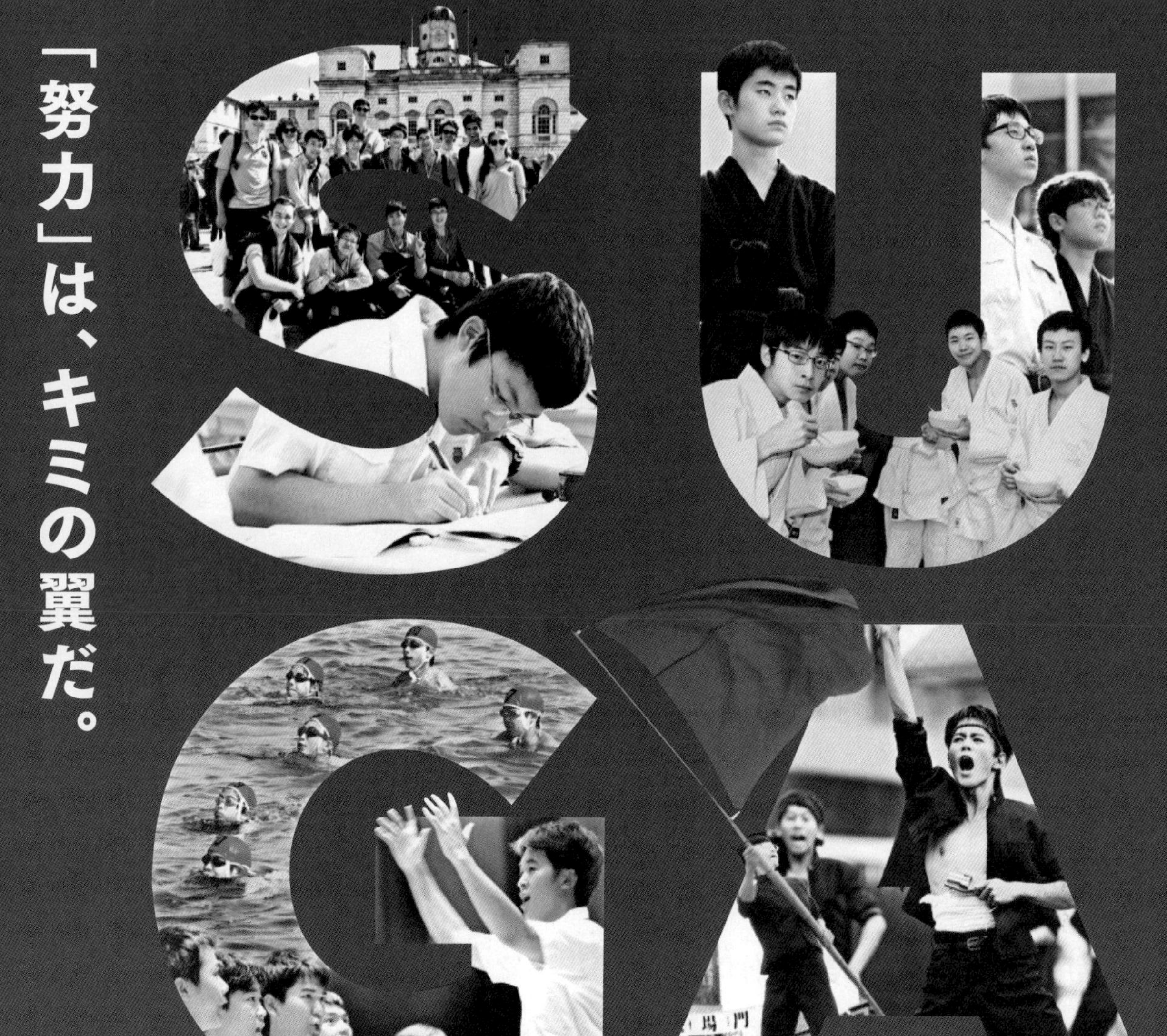

6年間で最大5ヶ国を訪問
学びの扉を世界に開き
世界レベルでの自己実現を目指す

多摩大学目黒の英語教育の大きな目標の一つは
世界中で必要とされる日本人を育てることです。
2名のネイティブ専任教員による英会話の授業では
英語表現の背景にある文化や習慣、ものの考え方を
紹介しながら、幅広い表現力を身につけ、
世界中に通用する英語を習得します。
さらに6年間で最大5ヶ国を訪問することにより、
世界規模で物事を考えることのできる広い視野と
世界を相手にしっかり「交渉」できる
コミュニケーション力を磨きます。
　これらの経験と能力は10年後、20年後に
社会人として国内でも海外でも常に必要とされる
人物であり続けるための確固たる土台となります。

1人1台iPadを活用、考える力と伝える力を伸ばす！

生徒と教員、また生徒同士をつなぐコミュニケーションツールとして1人1台iPadを活用。学習到達度や指導経過を確認しながら一人ひとりに最善の指導ができます。また調べたり考えたりした内容をiPadにまとめる作業を通して、考える力や伝える力を伸ばします。

大学・官公庁・企業と連携したアクティブラーニング

　多摩大学と高大連携を軸に官公庁や企業と連携したアクティブラーニングが始動しました。地域振興や国際会議、起業プロジェクトなど様々な活動に参加することを通して、知的活動の幅を広げます。これらの経験は新たな大学入試に対応する学力を伸ばすことにつながり、大きなアドバンテージになります。

●中学受験生・保護者対象学校説明会　要予約

11/5（土） 10:00〜 授業見学あり
1/13（金） 19:00〜
1/14（土） 10:00〜 授業見学あり

●特待・特進入試問題解説会　要予約

11/19（土） 10:00〜
12/10（土） 10:00〜

※各イベントの予約方法・人数等については後日公開します。

●2023年度生徒募集要項

試験区分	進学 第1回	進学 第2回	特待・特進 第1回	特待・特進 第2回	特待・特進 第3回	特待・特進 第4回	特待・特進 第5回
募集人員	34名		特待20名 特進60名				
出願方法・期間	1.インターネット出願 出願準備：1月8日(日)10:00〜　出願手続き：1月10日(火)〜各試験当日、午前1:00まで 2.窓口出願 1月10日(火)より各試験前日まで(9:00〜15:00)（特待・特進 第3〜5回は当日窓口出願可能。当日受付時間 第3回8:00〜14:00 第4・5回8:00〜9:30）						
試験日	2/1(水) 8:30集合	2/2(木) 8:30集合	2/1(水) 14:30集合	2/2(木) 14:30集合	2/3(金) 14:30集合	2/4(土) 10:00集合	2/6(月) 10:00集合
試験科目	2科または4科（出願時に選択）		4科		2科		
合格発表	合否照会サイトにて発表いたします。 各試験当日 14:00〜		各試験当日 21:30〜			各試験当日 14:00〜	

全ての日程は、新型コロナウィルスの状況により、日時が変更になったり、中止になったりする可能性があります。実際に予定通り行なわれるかどうかについては、直前に本校HPをご確認ください。

明日の自分が、今日より成長するために…

多摩大学目黒中学校

〒153-0064 東京都目黒区下目黒4-10-24　TEL. 03-3714-2661
JR山手線・東急目黒線・都営地下鉄三田線・東京メトロ南北線「目黒駅」西口より徒歩12分
東急東横線・東京メトロ日比谷線「中目黒駅」よりスクールバス運行

多摩大学目黒　検索　https://www.tmh.ac.jp

個別指導だからできる、自分だけの志望校対策

早稲田アカデミー個別進学館 冬の活用法

いよいよ入試が近付いてきた受験生にとって、この秋、そして冬の学習は来春の成果を大きく変える大切なものです。早稲田アカデミー個別進学館の強みは、早稲田アカデミーのノウハウを活かした指導。入試本番までの時間を最大限に活用し、効果的な学習で学力を伸ばします。

弱点克服も、志望校対策も

秋から冬にかけて受験生が取り組むべき課題は、志望校対策をするなかで見つかった苦手分野や弱点の克服です。

早稲田アカデミー個別進学館では、苦手な1科目だけ受講して、丁寧に復習することが可能です。志望校の出題傾向を踏まえたうえで、弱点となる分野の克服に取り組むことができます。また、早稲田アカデミー集団校舎と連携を取った指導も、早稲田アカデミー個別進学館ならではの大きなメリット。これまでの学習状況や模試の結果などを双方で共有することで、志望校合格に最適な学習プランをご提案します。

〝あなただけの対策〟を入試直前まで

早稲田アカデミー個別進学館では、入試直前まで生徒一人ひとりに合わせた対策を責任をもって行います。受講日や時間は、ご都合に合わせてカスタマイズ可能。さらに、新たに受講科目を追加することも、直前期の学習の総チェックも可能です。入試本番の直前まで、「あなたが合格するための学習」を全力で応援します。

指導形態は講師1名に対して生徒2名の「1対2」と、講師1名に対して生徒1名の「1対1」の選択制。また、校舎での「対面授業」と自宅で受講する「オンライン授業」もご選択いただけることに加え、いつでも切り替えが可能ですから、「入試前は外出を控えたい」といったご要望にもお応えできます。

「入試本番までにどうしてもこの分野を克服したい」「第一志望校に特化した対策をしたい」「過去問演習の答案から自分の弱点を見つけて補強してほしい」など、一人ひとりのご希望に合わせた「合格のための学習プラン」をご提供します。まずは無料個別面談で、お気軽にご相談ください。

誰もが抱える悩みをパパッと解決！

福田貴一先生の㊗が来るアドバイス

早稲田アカデミー
教育事業本部副本部長
福田　貴一

「国語のテストではいつも時間が足りなくなる」というお子様がいます。こういったお子様の多くは、「自分は文章を読むのが遅いから時間が足りなくなるんだ」と感じて、急いで読もうと努力します。しかし、「時間が足りなくなる」原因は、実は別のところにあることが多いのです。今回は、文章問題の苦手克服法について、ご家庭でも取り組めるポイントをお伝えします。

国語の文章問題の苦手克服法

「読むスピード」「解くスピード」

国語の授業で、生徒たちの「読むスピード」を試すことがあります。「急いで読まなくてよいから、丁寧にしっかりと読むこと」と説明し、読み終わったところで手を挙げさせるのですが、このとき手が挙がる順番は、国語の成績順ではありません。次に「解くスピード」を確かめます。全員が読み終わった段階で同時に解き始め、終わった生徒に手を挙げさせると、「読むのが速かった生徒」と「解くのが速かった生徒」はほぼ逆転、といっていいほど全く違う結果となります。国語の文章問題では「読むスピード」と「解くスピード」は一致せず、速く読み終わる生徒にはむしろ、国語が苦手な生徒が多いのです。

国語のテストで時間が足りなくなる生徒の場合、「解くスピード」の方が原因となっていることが多くあります。しかし、自分では「読むのが遅いからだ」と思い込んでいるため、とにかく急いで読もうとします。すると、ただ文章を目で追いかけるだけになってしまい、内容がほとんど頭に入ってきません。設問を解くときにまた文章に戻ってイチから考えなくてはならないため、結果として「解くスピード」が遅くなってしまうわけです。

「空欄補充問題」でチェックする

文章全体の内容が頭に入っていないと、「解くスピード」が遅くなるのに加えて、正答率も低くなってしまいます。選択問題で見当外れなものを選んでしまったり、記述問題で「表面的な浅い記述」になってしまったりするわけです。

なかでも大きく影響するのが「空欄にあてはまる本文中の語句を答えなさい」というタイプの「空欄補充問題」です。このタイプの問題は、まず「こんな内容の言葉が入るはず」と推測し、「確か本文のあのあたりにそういう言葉があったはず……」と考えて探し始めるのが、正しい思考の筋道です。

しかし、「文章が頭に入っていない状態」だと、1つの言葉を探しながら長い本文の始めから終わりまでをウロウロすることになってしまいます。文章内容が理解できていない、ということは「探すべきもの」のイメージすらできていない状態なわけですから、そう簡単に見つかるはずはありません。制限字数だけを手掛かりに探し、偶然マルがつくことがあるかもしれませんが、それは正しい筋道をたどった正解とはいえません。テストの後にお子様が「空欄補充で時

間がかかった」と言ったり、返却されたテストの「空欄補充問題」に空欄が目立ったりする場合は、「文章が頭に入っていたかどうか」をチェックしていただくとよいでしょう。

「いくつの場面に分けられるかな?」

ご家庭でも実践していただける、「文章内容が頭に入っているか」をチェックする方法をご紹介します。お子様が文章を読み終えたところでテキストを閉じさせて、内容に関する質問を重ねていく、という方法です。物語文であれば、登場人物、人物同士の関係などから始めて、「いくつの場面に分けられるかな?」といった質問で場面構成を確認していきます。説明的文章の場合は、「何について書いてある文章だった?」という質問から始めて、文章のテーマ（話題）をつかめているか確かめます。ツバメの生態を具体例にして、生物全体の環境について書かれている文章の場合など、「ツバメについての文」という答えが返ってきたりもするのですが、それをきっかけに「具体例」と「結論」についての文章構造理解につなげていくこともできます。よろしければ、ご家庭でもお試しください。

「対症療法」よりも「原因療法」

「テストで時間が足りなくなるから、文章を急いで読む」という考え方は、「対症療法」的な考え方といえます。医療の場合は「対症療法」が効果的なこともあると思いますが、学習においては、「対症療法」はあまり効果的ではないと考えています。「時間が足りなくなる要因」「文章理解が十分ではない要因」をしっかりととらえて、その原因を改善していくという「原因療法（根治療法）」こそが大切です。

私は、生徒が文章問題を読んでいるとき、解いているときには、生徒の「目の動き」と「手の動き」を見るようにしています。「文章をどれくらいの速さで読んでいるか」「問題を解くときに文章のどのあたりに目をやり、どのあたりに線を引こうとしているか」といった点を、「目の動き」「手の動き」から把握しているわけです。算数の場合は、思考過程や解答を出すまでの処理方法はノートに残りますので、「手の動き」だけでわかります。しかし国語の場合、思考過程までは解答用紙に残りません。特に選択問題をどのように選ぼうとしているかは、「目の動き」を見るのが一番効果的なのです。それぞれの選択肢をどれくらいの速さで読んでいるか、どの選択肢のどこに印を付けているか、本文のどこを読み直して考えているか、もしくは本文には目をやらずに選択肢だけで選ぼうとしているか……。そんなところを気にしながら、生徒を見ています。ご家庭でも、国語の文章問題を解いているお子様の「目の動き」に注目していただければと思います。

知れば
ますます
おいしくなる！

お米（コメ）大研究

教えていただいたのは…

皆さんに、たくさんお米を食べていただけたらうれしいです！

全農パールライス株式会社
品質管理部
西野入英幸さん

スーパーマーケットに並んでいるお米の袋に、「新米」と書かれているものが増えてきました。収穫したてが味わえる今だからこそ、お米について詳しく知って、もっとおいしくいただきましょう！　今回は、「お米アドバイザー」でもある全農パールライス株式会社の西野入英幸さんに、お米の種類やおいしいごはんの炊き方について教えていただきました。

世界のお米

「お米といえば日本！」と思いがちですが、実は、お米は世界中で広く食べられています。世界には、大きく分けて３種類のお米があります。

クイズ１　世界で生産量が一番多いのは、次の3種のうちどれ？

インディカ米（長粒種）

【主な生産地】
中国（中南部）、タイ、ベトナム、インド、マレーシアなど
【特　徴】
細長いかたちで、パサパサしている。カレーやチャーハンに合う。

ジャバニカ米（中粒種）

【主な生産地】
アジアの熱帯高地、アメリカ、ブラジル、イタリア、スペインなど
【特　徴】
つぶの幅が広く大きめで、固めの食感。リゾットやパエリアに合う。

ジャポニカ米（短粒種）

【主な生産地】
日本、朝鮮半島、中国（東北部）など
【特　徴】
つぶが短く、炊くと粘りとつやが出る。

全部で約300!?　お米の品種

日本国内では、さまざまな品種のお米が生産されています。その数は、なんと約300品種！　これほどたくさんの品種が開発されてきたのには、「おいしさの追求」以外にも理由があります。

お米は毎日の生活に欠かせないもの。気候の変化や病気によって不作になってしまうと、生活に大きな影響が出てしまいます。そのため、「病気に強い品種」「1株によりたくさん実る品種」「生産地の気候に合う品種」を求めて、多くの品種が生み出されたのです。ちなみに、1位のコシヒカリの作付比率※は33.7%で、全国で幅広く親しまれている品種といえます。

※栽培されている面積の割合

クイズ２　右の表のうち、4位に入る品種は何？
（ヒント：名前のなかに県名が入るよ）

みんなが食べているお米はある？

日本で多く栽培されているお米の品種（2020年産）

	【品種名】	【主な生産地】
1位	コシヒカリ	新潟　茨城　栃木
2位	ひとめぼれ	宮城　岩手　福島
3位	ヒノヒカリ	熊本　大分　鹿児島
4位	○○○○○○	○○　茨城　岩手
5位	ななつぼし	北海道
6位	はえぬき	山形
7位	まっしぐら	青森
8位	キヌヒカリ	滋賀　兵庫　京都
9位	きぬむすめ	島根　岡山　鳥取
10位	ゆめぴりか	北海道

米穀安定供給確保支援機構「令和２年産水稲の品種別作付動向」による

新米が味わえるのは何月ですか？

一般的にその年新しく収穫したお米のことを「新米」と呼びますが、お店で「新米」と表示できるのは「玄米が生産された年の12月31日までに精米され、袋詰めされたもの」という決まりがあります。日本で一番早く新米が収穫されるのは沖縄県で、7月にはお店に並びます。その後、季節とともに九州、関東、北陸……と北上していき、10月末ごろには全国の新米が出そろいます。

西野入さん教えてください！

新米の、おすすめの買い方は？

お米には品種によって味や食感、香りに違いがありますが、実は気候によってもその味は大きく変化します。お米の味によって、つくられた地域の気候や気温を推測することもできるんですよ。新米の時期にはいつもよりさまざまな品種を少量ずつ購入し、食べ比べてお気に入りを見つけることをおすすめします。

ごはんをもっとおいしくする4つのポイント

ボタンひとつで、お米をおいしく炊きあげてくれる炊飯器（すいはんき）。でも、お米の保存や洗い方のポイントを知るだけで、ごはんはもっともっとおいしくなるんです！

その1 お米の量は“キッチリ”はかる！

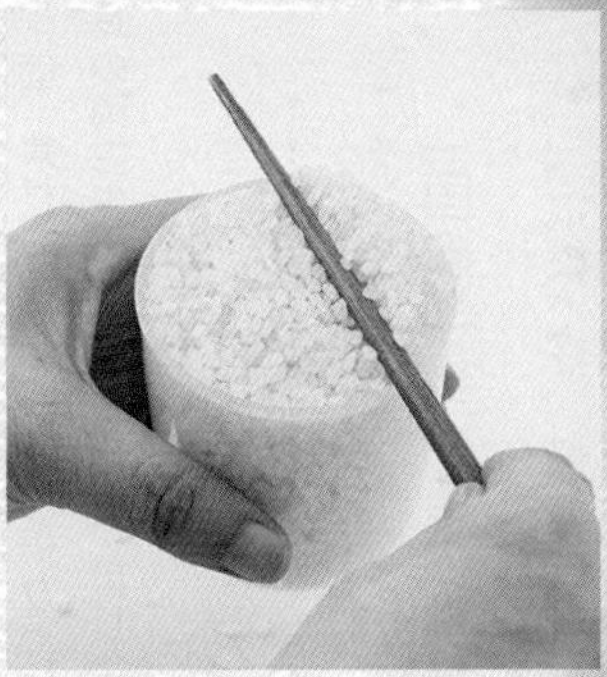

まずは正しい分量で炊き、お米の「持ち味」を知ることが大切です。専用の計量カップを使い、すり切りにして正確にはかりましょう。

クイズ3　お米1合分の計量カップは、何ミリリットル？

その2 洗うときは指の感覚に集中！

お米はあっという間に水を吸ってしまうので、手早く！　1回目は多めの水で軽くすすいだらすぐに水を捨てます。2回目からはひたる程度の水で、やさしく洗います。指でお米の粒を触ったときに、ぬるぬるしなくなればOKです。

その3 表面は“山型”に！

水を入れた後、内釜（うちがま）を持ち上げて軽く回転させ、表面を山型にします。山型にすると、炊き上がったときに表面が平らになり、炊きムラを少なくすることができます。

その4 炊きあがったら、切るようにほぐす！

炊きあがったごはんは、ほぐすことで水蒸気が適度にとび、ふっくらおいしくなります。しゃもじを十字に入れ、底から掘り返すようなイメージでやさしく混ぜてほぐします。

取 材 協 力

全農パールライス株式会社
https://www.zpr.co.jp/

JA全農グループ。生産者が育てたお米を精米・袋詰めし、さまざまなかたちで皆さんにお届けしています。
また、おにぎりなど炊飯したごはんの加工やお酒をつくるためのお米の加工なども行っています。

東京都千代田区神田三崎町3丁目1番16号 神保町北東急ビル3F
●お客様相談室／0120-29-4150　●受付時間／9：00〜17：00（土日祝日を除く）

全農 パールライス 株式会社

クイズの答え　1.インディカ米（長粒種）　2.あきたこまち　3.180ミリリットル

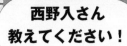

帰国生受入れ校
訪問記

帰国生を積極的に受け入れている学校の魅力に迫ります。

攻玉社中学校

東京都／私立／男子校

1863（文久3）年に、数学・オランダ語・航海術などを教授する蘭学塾として創立された攻玉社中学校。伝統ある教育環境の下、校訓である「誠意・礼譲・質実剛健」、さらに海軍の標語である「スマートで、目先が利いて、几帳面、負けじ魂、これぞ船乗り」に象徴される、内に熱い思いを秘めた攻玉社男子を育成しています。今回は、校長の岡田先生にお話を伺いました。

32年の歴史を持つ「国際学級」での学び

本校では、帰国生が安心して学べる環境を作りたいという思いから「国際学級」を設置しています。滞在していた国は違うにしても、異文化体験という共通のバックグラウンドを持った仲間と一緒に過ごすことによって、互いに支え合い、刺激し合いながら成長していくことができる3年間を送ることができます。

また、英語圏からではなく、東南アジアからの帰国生も多数在籍しているため、異なる価値観を尊重する文化があるのも国際学級の魅力です。

学校行事や部活動は、一般学級の生徒たちと一緒に取り組みます。帰国生ならではの「自分の考えを発信する力」や「物怖じせずにチャレンジする力」が一般生に非常に良い影響を与えてくれています。

帰国生にとっても、クラスの垣根を越えて様々なことに挑戦することは、学年の横のつながり、他学年との縦のつながりを育む機会となっています。

可能性を広げる6年間のプログラム

国際学級では、国語・数学・英語の授業を2分割で行い、手厚い指導で学力の向上を図っています。英語入試、国語・算数入試のどちらを選択した生徒にとっても、それぞれの状況に応じた進度で授業を行います。

また、1・2年生の間に学力の伸長が著しい生徒は、3年生に進学するときに選抜学級へ移籍することもできます。例年、入学後にしっかりと学習を積み重ねていくことで成績が躍進し、複数人の生徒が選抜学級に進んでいます。

4年生になると一般学級と一緒になり、5・6年生では文理を分けて志望する大学に向けた学習に

国際学級英語αクラス（英語受験）の授業

所在地：〒141-0031
東京都品川区西五反田 5-14-2
（東急目黒線「不動前駅」徒歩1分）
TEL：03-3493-0331
URL：https://kogyokusha.ed.jp/

切り替わります。

本校では、大学進学を目標にするのではなく、その先の社会でどう自己実現をしていくのかを見据えた進路指導を行っています。

こうした取り組みの結果、生徒たちもただ勉強するだけではなく、目的意識をもって学ぶことができ、難関大学への高い合格率を実現しています。

岡田 貴之（おかだ たかゆき）先生

授業を通じ、「質問力」を育てる

これからの社会で必要な力は、正しいとされていることを学ぶだけではなく、多角的に物事をとらえることで自分なりの「問い」を見つけることだと考えています。そのため、本校では「質問力」を育てることを意識しています。

たとえば理科の授業では、生徒たちが積極的に取り組めるような実験を多く取り入れています。

実験を通じて、もし仮説と違った結果が出たとしても、「ここを変えてみれば結果が変わるのではないか？」など、生徒たちがあらゆることに疑問を持ち、考えることを促しています。

海外での貴重な経験があるからこそ、日本での当たり前を違った角度から客観的に捉えられることもあると思います。そのような帰国生ならではの視点を持つことで生まれてくる疑問を、ぜひ本校で探究してください。

帰国生入試を検討されている皆さんへ

2023年度より英語入試からリスニング問題がなくなります。受験生が身につけてきた文法力や語彙力を、より発揮できる試験を実施したいという思いからこのように変更することとなりました。

英語入試で本校を目指す受験生は、文法問題への対策をしっかり行って試験に臨んでいただきたいと思います。

面接試験では、実際に入学する受験生はもちろん、6年間パートナーとして一緒にお子様を育てていく保護者の皆様とお話する機会を持つために、親子面接を実施しています。厳しいチェック項目を設けているわけではありませんので、心配せずにありのままでお話ください。

本校には、「自分の好きなことにとことん打ち込める環境」があります。海外での多様な経験をもった仲間と切磋琢磨することで、将来日本を引っ張っていく人材となるべく、共に学んでいきましょう。

入試情報

2023年度　帰国生入試情報

試験区分	国際学級
募集人数	国語・算数20名　英語20名
出願期間	2022年11月20日(日) ～2022年12月12日(月)
試験日	2023年1月12日(木)
合格発表日	2023年1月12日(木)17:00Webで発表
選考方法	国語・算数・親子面接 または、英語・親子面接

2022年度　帰国生入試結果

試験区分	国際学級(国語・算数)	国際学級(英語)
募集人数	20名	20名
試験科目	国語・算数・親子面接	英語・親子面接
応募者数	117名	70名
受験者数	84名	52名
合格者数	42名	29名

2022年度大学合格実績

国公立大	合格者数
東京大学	12名
東京工業大学	12名
一橋大学	2名
横浜国立大学	5名
筑波大学	2名

私立大	合格者数
早稲田大学	101名
慶應義塾大学	78名
上智大学	29名
東京理科大学	94名
明治大学	108名

※大学合格実績は全卒業生のもので、帰国生のみの実績ではありません。

サクセス動物園

#24 トナカイ

体の大きさも食べ物もすむところも、みんな違うからおもしろい！　生き物のさまざまな魅力を専門家の方に教えていただく「サクセス動物園」。今回は、クリスマスにはみんなの人気者！　北極圏の寒い地域にすむ「トナカイ」について、秋田市大森山動物園の柴田典弘さんに教えていただきました。

※写真は全て大森山動物園提供

トナカイ YES! NO! クイズ

Q1　「トナカイ」はロシア語を語源とする呼び名。YES! NO!

Q2　足の裏にも毛が生えている。YES! NO!

Q3　固い葉を食べるため、前歯が丈夫。YES! NO!

記事のなかに答えがあります！

トナカイのさまざまな呼び名

「トナカイ」という呼び名は、北海道や千島列島などに古くから住んでいたアイヌ民族の言葉「トゥナカイ」がもとになっています。といっても、北海道に野生のトナカイが生息していたわけではありません。大陸との交流のなかでツノを使った装飾品などが伝わり、同時にトナカイを指し示す言葉も伝わったと考えられています。ちなみに北アメリカにすむトナカイは先住民族の言葉に由来する「カリブー」という名で呼ばれます。英語では「レインディア」と呼び、漢字では「馴鹿」と書きます。

トナカイ DATA

分布：アラスカ、カナダ、グリーンランド、ロシアなど
体長：120～220センチメートル
体重：45～250キログラム

トナカイは、北極圏の広い地域に生息するシカ科の動物です。オスとメスで体の大きさに違いがあり、オスの方が大きくなります。体重は季節によっても異なります。寒い地域にすむ人々は、家畜として飼ったり荷物を運ぶソリを引かせたりと、古くからトナカイとともに暮らしてきました。

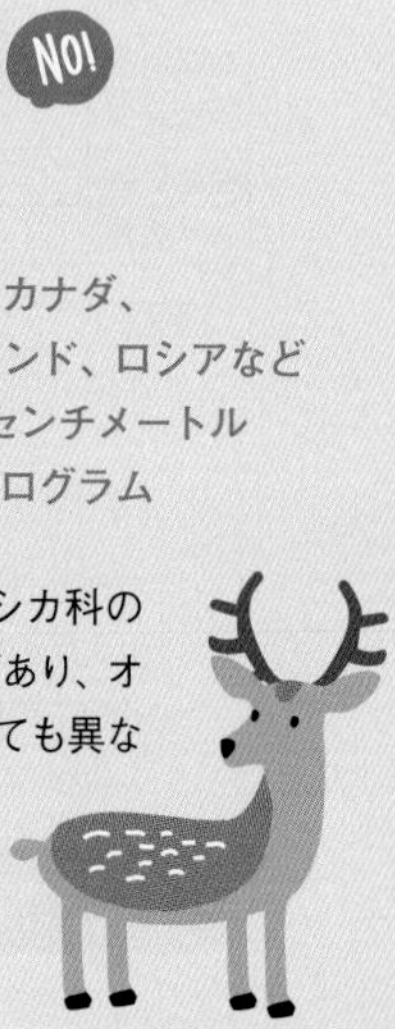

トナカイ大図鑑

知っているようで、意外と知らない!?
トナカイの体のひみつや生態について、
柴田さんにくわしく教えていただきました。

秋田市大森山動物園
柴田 典弘さん

ツノの生えはじめ

袋角（メス）

枯角（オス）

体毛

北極圏にすむトナカイの体には、寒さから身を守るため断熱性の高い密集した毛が生えています。体毛は、なんと足の裏や鼻の頭にまで生えています。冬が近づくと、黒くて短い夏毛の上に、白っぽい茶色の長い冬毛が生えてきます。

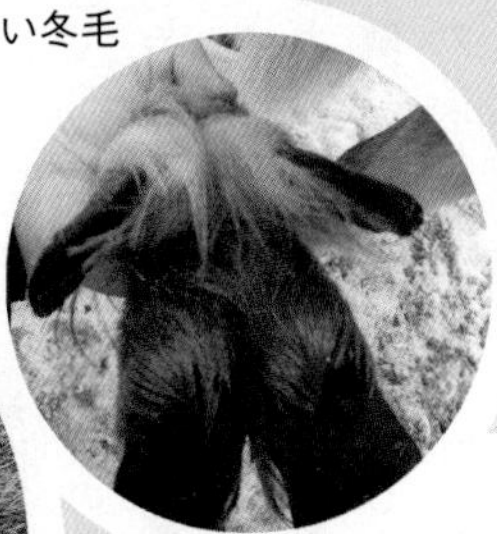

ツノ

トナカイは、シカ科のなかで唯一メスにもツノが生えます。シカの仲間のツノは「枝角」と呼ばれ、1年に1度生え変わるのが特徴です。ツノが落ちてしばらくすると、丸みのある「袋角」が生えてきます。袋角の表面は皮ふにおおわれていて、毛も生えています。繁殖期が近付きツノが十分大きくなると、皮ふがはがれて固くするどい「枯角」になります。

ひづめ

トナカイのひづめは幅が広く平らなかたちをしています。このひづめのおかげで、やわらかい新雪の上を沈まずに歩くことができます。実はトナカイは泳ぎも得意。幅広のひづめをヒレのように使って水をかきます。また、先は固くスコップのようになっていて、雪の下の食べ物を探すときに役立ちます。

子育て

春から初夏にかけて、トナカイは出産の時期を迎えます。生まれた子どもは母親のもとで成長し、約1か月で離乳します。

食べ物

トナカイには上の前歯がないため、固いものをかみ切るのは苦手です。野生のトナカイはクローバーやタンポポの葉、冬には雪の下の地衣類（コケの仲間）などを食べています。動物園では、やわらかい木の葉やマメ科の干し草などを与えています。

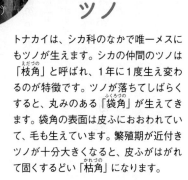

サクセス動物園

夏のトナカイ

冬のイメージが強いトナカイ。では、夏はどのように過ごしているのでしょうか？
柴田さんに、野生のトナカイ、そして大森山動物園のトナカイたちの、夏の様子について教えていただきました。

トナカイたちの大移動

野生のトナカイが暮らしている北極圏は、冬にはマイナス50℃を下回ることもあります。トナカイたちは、冬の間は比較的過ごしやすい南の地域で、数頭から数百頭の群れで移動しながら暮らします。そして春になると、出産地となる北に向かうための大移動を始めます。その距離は1000キロメートルにおよび、ときには雪どけの水が流れる川を泳いで渡ることもあります。いくつもの群れがほぼ同時期に移動し、出産地では数万頭を超える大群になります。トナカイたちはこの出産地で夏を過ごすのです。

温暖化によるトナカイの危機

今、野生のトナカイの数は大きく減少しています。その原因の一つが、地球温暖化です。温暖化によって川が凍結する時期が変わってしまい出産地へ移動することが難しくなってしまったり、とけた雪の表面が凍ってしまい食べ物を探すことができなくなってしまったりしているのです。

さらに、永久凍土がとけて「蚊」の発生地域が拡大していることも、トナカイ減少の原因になっているといわれています。実は、夏のトナカイにとって、「蚊」などの吸血性の昆虫は〝天敵〟です。大量発生した蚊が昼も夜もトナカイたちにまとわりつき、ゆっくり休むことができずに衰弱してしまうトナカイもいるのです。

「トナカイを幸せにしたい」

大森山動物園のトナカイたちも、吸血性の昆虫、特に「サシバエ」に悩まされていました。トナカイは体の熱をうまく逃がすことができないため、「暑さ」が大の苦手。気温が25℃を超えるとハアハアと息が上がってしまいます。サシバエを振り払うためにトナカイが走ると余計に体温が上がってしまい、体に悪い影響が出てしまいます。

柴田さんたち飼育スタッフとトナカイ

そこで大森山動物園では、トナカイ舎にスプリンクラーやミスト、扇風機などを設置し、トナカイたちが涼しく過ごせるように工夫しました。また、大学と共同研究を行い、サシバエに有効な虫よけ剤を見つけました。さまざまな対策の効果が出て、大森山動物園のトナカイたちは今年の夏も元気に過ごしてくれました。

動物園で飼育している以上、動物のために「できること」は全てやる。私は、大森山動物園のトナカイを世界で一番幸せにしたい、と考えています。飼育スタッフの仕事は、動物を「飼う」ことではなく「幸せにする」こと。そう考えて、これからもトナカイの幸せを追求していきます。

INFORMATION

秋田市大森山動物園 ～あきぎん オモリンの森～

https://www.city.akita.lg.jp/zoo/

通常開園期間は11月30日（水）までです。
冬期は変則開園となります。
詳細はWebサイトでご確認ください。

〒010-1654 秋田県秋田市浜田字潟端154番地
TEL：018-828-5508（代表）

●開園時間／9：00～16：30
※入園は閉園の30分前まで
●休 園 日／通常開園期間中は無休
●入 園 料／大人730円、高校生以下無料
※団体料金、年間パスポートについてはWebサイトをご確認ください
●アクセス／JR「新屋駅」より路線バス約8分、「秋田駅」より路線バス約30分

※情勢によって営業形態が変化する場合があります。事前にWebサイトをご確認ください。

ここも見どころ！

ユキヒョウの親子

2022年4月にユキヒョウの赤ちゃんが誕生！ 9月上旬に展示場デビューし、かわいらしい姿で多くの人を楽しませています。

クイズの答え Q1：NO Q2：YES Q3：NO

知ると誰かに話したくなる！

ノーベル賞のおはなし

ねえ、知ってる？

【クイズ】
ノーベル賞について説明した次の文のうち、正しいものはどれでしょう？

① 授賞式は、ノーベルが亡くなった日に行われている。

② 15歳でノーベル賞を受賞した人がいる。

③ 受賞できるチャンスは、人生で1回だけ。

11月27日は「ノーベル賞制定記念日」、そして12月10日は世界中の注目を集める「ノーベル賞授賞式」の日。ノーベル賞は、ダイナマイトを発明したアルフレッド・ノーベルの遺言に基づいてつくられた賞です。その賞金はなんと約1億円で、ノーベルの遺産をもとにした財源から贈られます。一体なぜ、ノーベルはこのような賞を考えたのでしょうか？ 今回は、ノーベル賞について紹介します。

ノーベル賞に込められた思い

1833年に、発明家で建築家の父のもとに生まれたノーベルは、その影響もあって工業化学に興味をもち、30代でダイナマイトという強力な爆薬を発明しました。ダイナマイトは、はじめは町を発展させるために建設現場などで役立てられましたが、その破壊力の大きさから次第に戦争で利用されるようになってしまいます。戦争によって大金持ちになったものの、自分の発明のせいで多くの人が傷つき、自分が世間で「死の商人」と呼ばれていることを知ったノーベルは深く心を痛めました。そして、自分の死後、未来への希望と平和を願う賞をつくり、そのために自分の遺産を役立ててほしい、という遺言を書き残したのでした。

現在ノーベル賞の授賞式が行われている12月10日は、ノーベルが亡くなった日です。ノーベルの遺言に基づいて制定された物理学賞、化学賞、医学・生理学賞、文学賞、平和賞と、のちに加えられた経済学賞の6つの分野があり、それぞれの部門で毎年「人類に最も大きな貢献をした人」に賞が贈られます。また、ノーベルは遺言のなかで、受賞者が人種や国籍などにかかわらず、成果によって選ばれることを強く望んでいました。当時としては画期的だったこの考え方に基づいて、ノーベル賞は国境を越えて贈られる国際的な賞となったのです。

受賞者を決めるのは誰？

現在、ノーベル賞の運営を行っているのは「ノーベル財団」です。ノーベル財団はノーベルのばく大な遺産を管理し、賞金の準備や授賞式、賞自体の運営などを行っていますが、受賞者を決めることはありません。受賞者を決めるのは、各賞の選考機関がそれぞれのなかに設置した選考委員会です。ノーベル賞は世界で最も権威のある賞だといわれているため、その選考にかたよりや間違いは許されません。そのため、受賞者選考の過程は秘密。候補者を推薦した人や候補に挙がった人の名前も公表しないようにすることで、公平で厳格な審査を行っています。

受賞者はどんな人？

皆さんは、ノーベル賞にどのようなイメージを持っているでしょうか。受賞できるのは天才だけで、自分には関係ない？ いいえ、そんなことはありません。

女性の権利や平和の大切さを訴え、2014年に平和賞を受賞したマララ・ユスフザイさんは、受賞当時17歳。活動を始めたのは11歳のころからで、最年少での受賞となりました。対して、最年長受賞者は、2019年に化学賞を受賞したジョン・グッドイナフさんで、当時97歳。リチウムイオン二次電池を開発した彼ですが、電池分野の研究に取り組み始めたのは50歳を過ぎてからのことでした。

また、マリー・キュリーが生涯で2回受賞したように、受賞に回数制限はありません。

ノーベル賞は、特別な才能を持っている人に贈られる賞ではなく、年齢や回数に縛られることもありません。自分の決めたことに対し、諦めず真剣に取り組んだ成果が評価されているのです。

日本人にも多くの受賞者がいます。1949年に湯川秀樹が日本人初のノーベル賞を受賞し、そのニュースで戦後の日本に活気を与えたのを筆頭に、2021年までに28人が受賞しました。そのあとに続くのは、皆さんのなかの誰かかもしれませんね。

参考：土肥義治『ノーベル賞がわかる事典』PHP研究所、2009年、こどもくらぶ編『調べる学習百科 ノーベル賞とアルフレッド・ノーベル』岩崎書店、2019年 ほか

クイズの答え／①

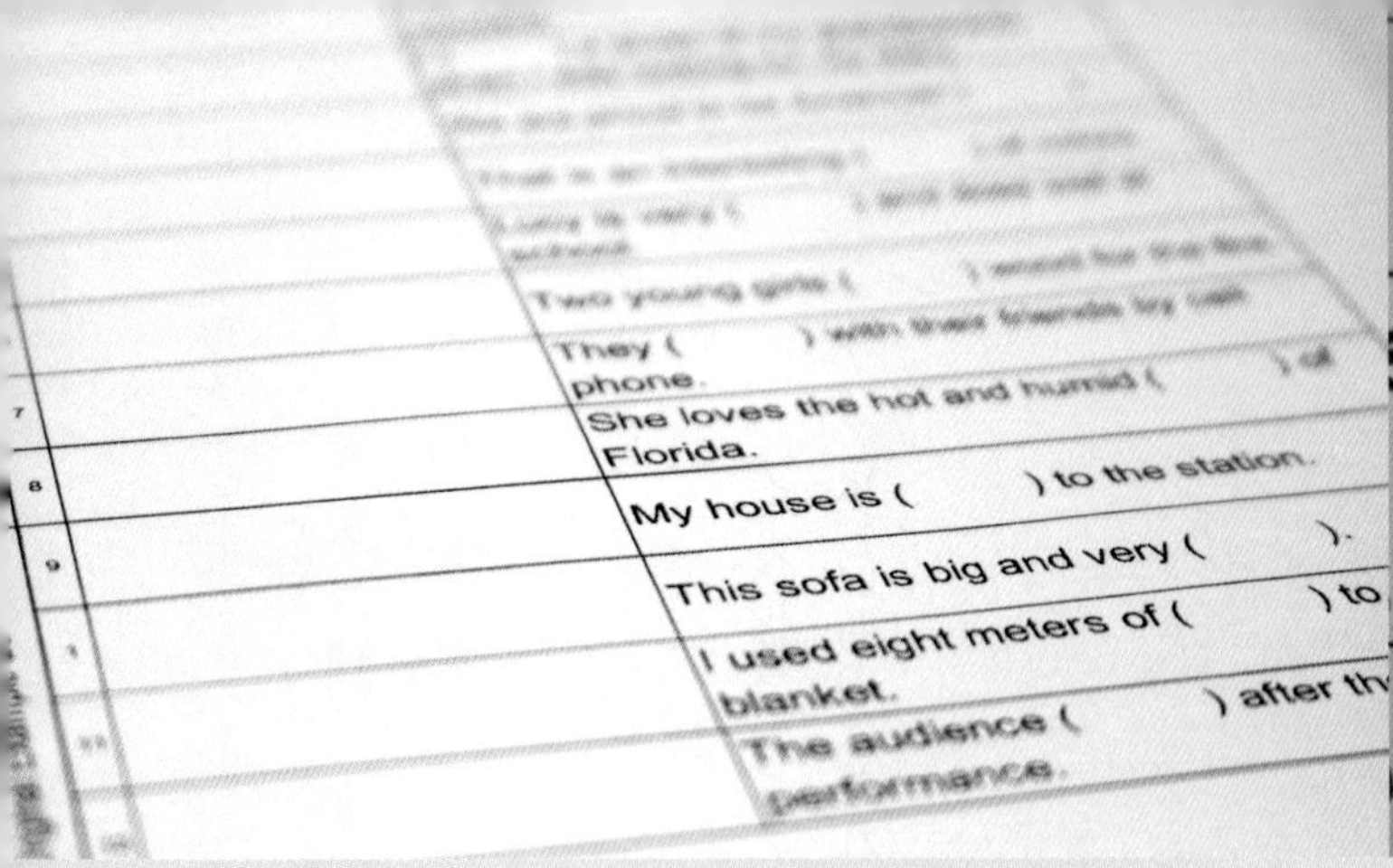

早稲田アカデミー
大学受験部
授業ライブ

#02

"勉強"のススメ
―だから学びは面白い！

英語／増田（ますだ）真莉音（マリオン）先生

今、勉強しているのは受験のため？　勉強を続けると見えてくるものは？
早稲田アカデミー大学受験部の授業をのぞいてみると、
そのヒントが見つかるかもしれません。
第2回は、マリオン先生の英語「TopwiN Booster」の授業です。

「It's time to start!」

「父がアメリカ人で、私も9歳からアメリカで過ごしました。そう言うと『はじめから英語ができたんだ』と思われることが多いのですが、そうではありません。日本にいるときは日本語しか使っていませんでしたから、渡米してから1年間は英語を猛勉強しました。英語を学ぶことの難しさは、私自身がよくわかっています」

そう話してくれたのは、中1・英語「TopwiN Booster」を担当するマリオン先生です。中1・中2・高1の3学年で開講される英語「TopwiN Booster」は、「東大・国公立医学部・ハーバード大を目指す生徒」を対象にしたハイレベルクラスです。授業を担当するのは、「早稲田アカデミーIBS」所属のバイリンガル講師。マリオン先生も、その一人です。

「TopwiN Booster」の最大の特徴は、授業が"All English"で行われる点にあります。それは、「日本語と英語を変換する力」ではなく、英語を英語で理解し、英語で考える力を身につけていくため。目標は、中2終了時の英検®準1級取得です。

「といっても、誰だって最初から英語ができるわけではありません。はじめは戸惑って当たり前。だからこそ、授業では明るくフランクな雰囲気づくりを心掛けています。間違

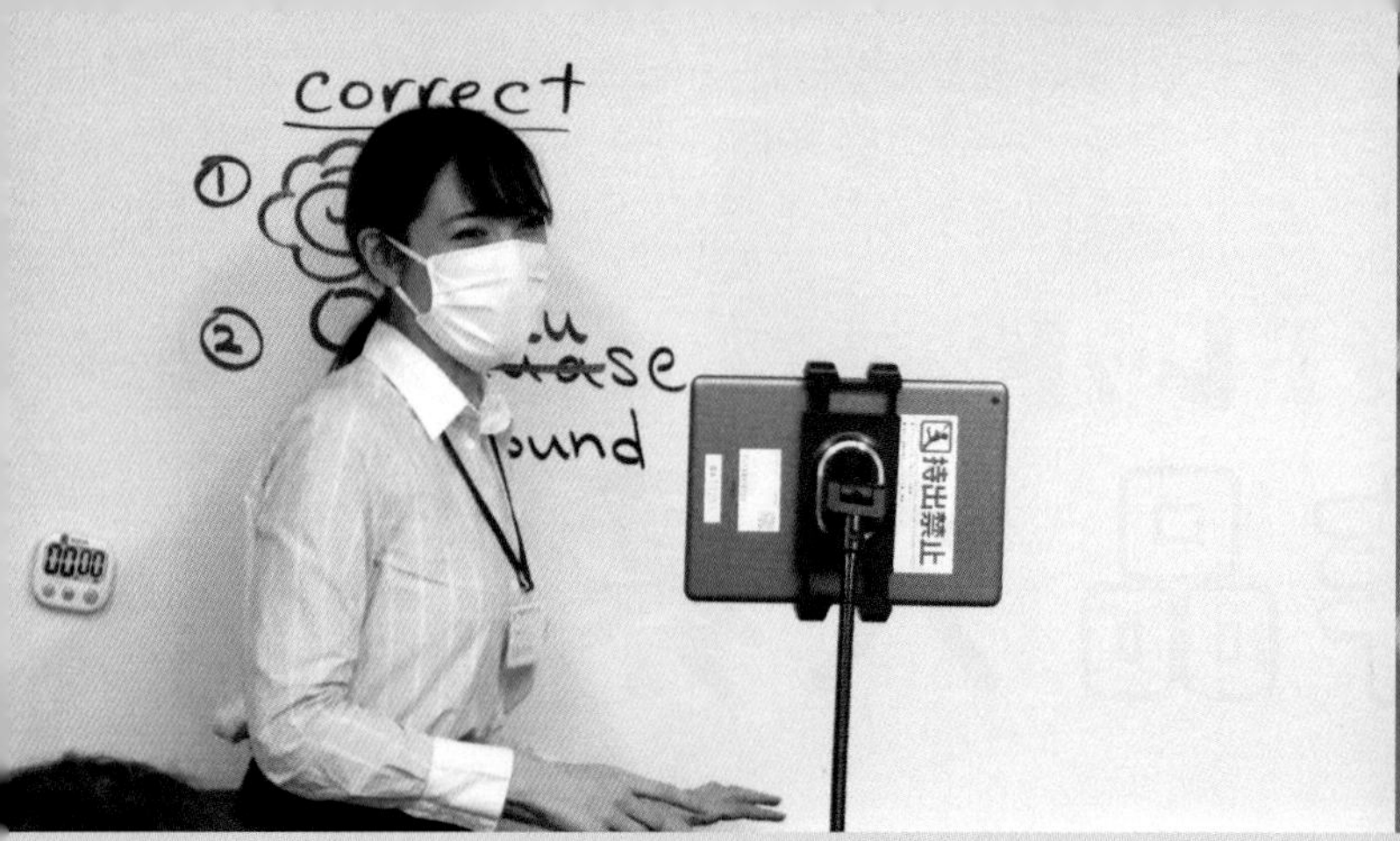

いを恐れずに、英語を聞くこと、話すことに挑戦してほしいんです」

9月最初の授業。体験生も複数参加するなか、授業はマリオン先生の言葉通り、「It's time to start!」という明るい声で始まりました。

膨らむイメージ、広がる世界

"All English"で行われるといっても、「TopwiN Booster」の授業は一般的な英会話のようにリスニング・スピーキングだけを行うわけではありません。他の大学受験部の授業と同じく、授業は確認テストからスタート。テストは問題も英文です。それが終わると、マリオン先生に続いて一語一語丁寧に発音しながら、単語の学習に取り組みます。

「単語を覚えるだけではなく、例文を通して単語の使い方とコアイメージを自分のものにしていくのが目的です。定着させるために、音読をしながら学習します」

condition、conclude、consist、constant……。抽象的な言葉も、マリオン先生は日本語を使うことなく、イラストや例を用いながら表情豊かに説明。生徒はイメージを膨らませながら一つひとつの言葉の意味を理解していきます。音読の指名をされると気恥ずかしそうな様子を見せる生徒もいますが、声が小さくてもたどたどしくても、マリオン先生は「Good job!」と笑顔で一人ひとりをたたえます。

休み時間になると生徒たちは思い思いに、校舎に設置された「洋書ライブラリー」へ。常駐するライブラリアンにアドバイスをもらいながら、次に挑戦する本を選びます。

「英語を習得すると、自分の世界がどんどん広がっていくことを実感してもらいたい。英書を読むことは、そのきっかけになるはずです。英語を学ぶ目的が『受験やビジネスに役立つから』だけではもったいないですから」

自分を伝え、自分を知る

授業の後半は、テキストを用いた文法の学習。文法用語は用いず、簡単な例文をいくつも聞き比べながら場面を思い浮かべ、理解を深めていきます。そして最後は、今学んだばかりの「過去進行形」を使って全員が「夏の思い出」を発表します。趣味のピアノに没頭したこと、宿題に苦戦したこと、旅行を楽しんだこと。完璧ではなくても、自分の英語で「自分」を伝えます。戸惑いを見せる生徒は、もういません。

「いろいろな経験を積むことで、10代のうちに自分自身のことを少しずつ知ってほしいです。自分の強みは何か、弱点はどこか、自分にとって大切なものは何か。自分を知ることで人生は豊かになっていきますし、学習も効果的に進められるようになっていくと思います。英語の学習を、生徒たちが自分を知るきっかけの一つにしてくれたらうれしいですね」

……マリオン先生より……

「英語の学習」とは？

知っている単語のもう一つの呼び方を覚えるのではなく、新しい考え方を学ぶこと

Marion

大学受験部のWebサイトはこちら

早稲田アカデミー 大学受験部

個性あつまれ！

みんなのパレット

アイデア・作品大募集！

今回の募集テーマ

「一筆書き」でイラストを描こう！

「一筆書き」は、1本の線を使ってイラストや図形を描く遊びです。ルールは簡単。一度えんぴつやペンを紙につけたら、終わりまで紙から離してはいけません。また、線と線が交わるのはかまいませんが、一度通った線を再びなぞることはできません。

簡単な図形でも1本の線では描けなかったり、逆に複雑な図形でも一筆書きができてしまったり。「この絵は一筆書きで描けるのかな？」と悩むかもしれませんが、実は、「図形の各頂点につながっている辺の数」を調べると、「一筆描きできるかどうか」が判定できてしまうんです。一筆描きできる図形の条件は、「全ての頂点が偶数の辺とつながっている」もしくは、「2つの頂点だけが奇数の辺とつながっている（他は偶数）」のどちらかをクリアしていること。もちろん、曲線を使ってもOKです。「ええ、本当に？」と思った皆さん。実際に一筆書きできる図形を使って確かめてみましょう。そして、自分でも新しい一筆書きのイラストや図形を考えてみてください。ステキな作品は、次号で紹介させていただきます。皆さんの力作を、お待ちしています！

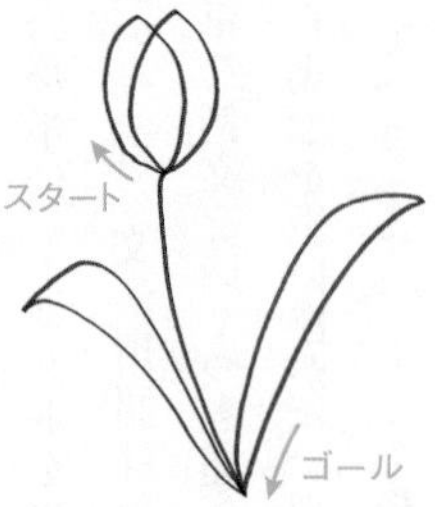

作品を送るには…

【FAX送信用紙を使う場合】
128ページの「FAX送信用紙」に、
①皆さんが考えた一筆書きのイラスト、図形
②ペンネームを記入して、FAXもしくは郵送で送ってください。

【はがきを使う場合】
①・②に加えて、住所・郵便番号・氏名・学年も記入してください。

FAX番号・郵送の宛先は左ページの「プレゼントの応募方法」欄と同じです。

こんなアイデア届きました！

9・10月号のテーマ
「『回文』をつくってみよう！」

蟻電車のシャンデリア

（小6：バナナのななば）

編集部より
これはすごい、どうやって思い付いたんでしょうか？

わたし、いえい、したわ

（小3：きのこのき）

編集部より
「いえい」は「よろこんでいるということ」だそうです。「イエイ！」ですね！

悪いニワトリとワニいるわ

（小3：ゆきちゃん）

編集部より
13字の長ーい回文、お見事です！

弱いわよ

（小6：るりあ☆）

編集部より
なんと、日ごろふつうに使っている言葉のなかにも回文が隠れていたとは！

クイズ

クロスワードを解いて、□の文字を並べ替えてみよう。どんな言葉になるかな？
答えは1枚めくったFAX送信用紙に書いて、送ってね！
（ハガキ、封書、二次元コードリーダーからでも構いません）

正解するとプレゼントがもらえるかも！

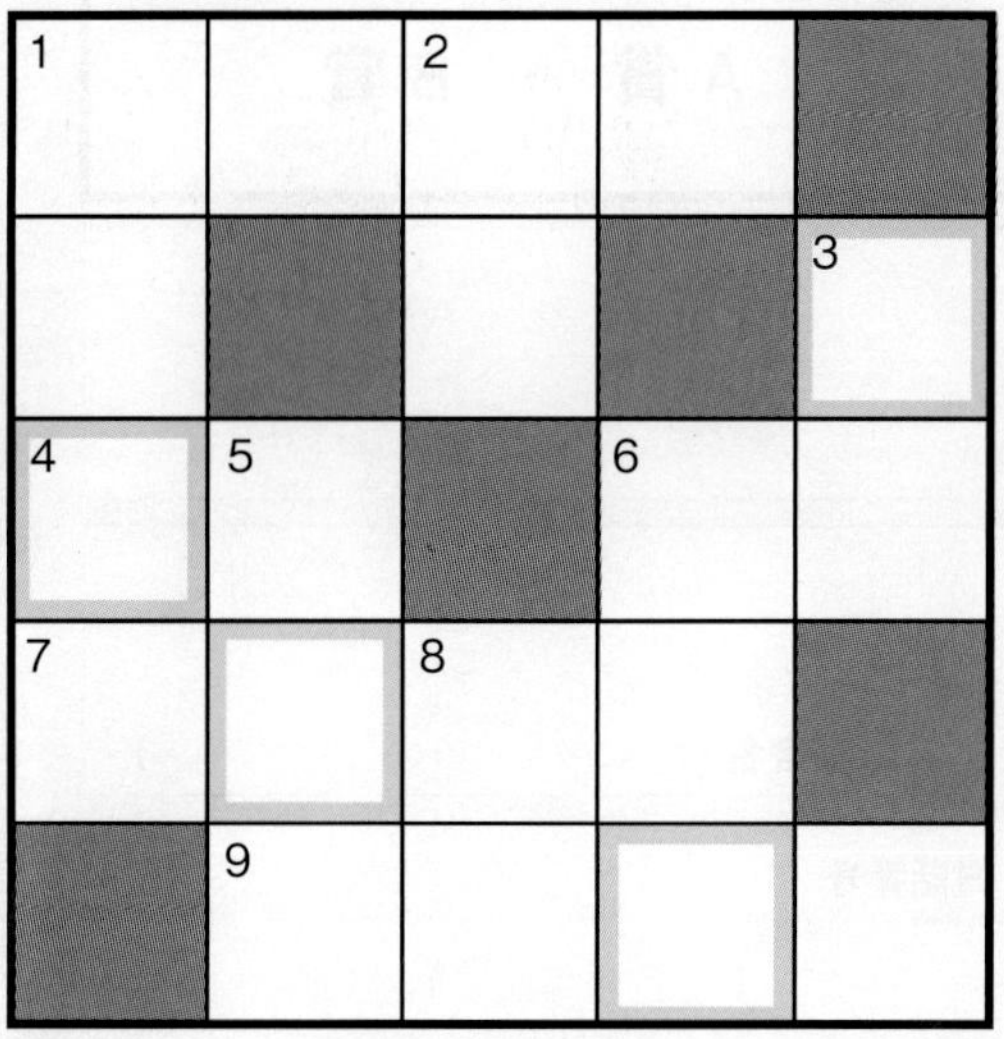

■たて
1. 梅の実を塩づけにして、日干ししたもの。おにぎりの具としても人気！
2. 「red」は赤、「black」は黒、では「white」は？
3. バスケットボールの「バスケット」は日本語で「〇〇」ともいいます。
5. 手であおいで風を起こす道具の一種。
6. 「〇〇〇チャンプルー」は沖縄の代表的な料理の一つ。〇〇〇は「ニガウリ」とも呼ばれるよ。
8. 「〇〇た」は漢字で「浴衣」と書きます。

■よこ
1. カメ、竜宮城、玉手箱といえば…「〇〇〇〇太郎」
4. ことわざ「犬も歩けば〇〇に当たる」
6. 「AM」は午前、「PM」は〇〇のことだよ。
7. 肉と野菜をとろ火で煮込んだ料理。寒い季節のほうが食べることが多いかな。
9. たての「1」や「ミカン」が特産品の、近畿地方にある県といえば？

ヒント 「や・ゆ・よ・つ」などは小さい文字のこともあるよ。

●9・10月号の答え／まつたけ

編集室のつぶやき

▶6月から飼育しているヘラクレスオオカブトの幼虫のマット交換をしました。びっくりするくらい大きくなっていたので、私が持っている最大の飼育ケースにお引越し。蛹（さなぎ）になるまでどこまで大きくなるか想像がつきません。次号へ続く。（TK）

▶夏祭りに行けなかった甥っ子・姪っ子のために、実家で秋祭りを開催！「じいじのヨーヨー釣り」「ばあばのたこ焼き」に負けじと、私はチョコバナナを出店しました。子どもより大人にとって、思い出深い一日となりました（準備の大変さが）。（TH）

▶ポン酢。私の好きな調味料です。しゃぶしゃぶのタレは、もちろんポン酢。むしろポン酢を味わうために、肉や野菜をしゃぶしゃぶしているといっても、あながち間違いではありません。もうすぐ鍋がおいしい季節がやってきます。楽しみですね！（NT）

▶東京マラソン2023にエントリーしました！　初めての応募です。当選倍率はなんと約11倍だそう。大体の人が『11回申し込んで1回走れる』計算。10年後にマラソンを走る体力があるか自信がないので、今回ビギナーズラックで当選しないかと期待しています！（MS）

▶夏休みに地元に帰省し、家族とゆっくりとした時間を過ごしました。買い物をしたり、父念願の居酒屋に行ってみんなで飲んだり。友人と遊ぶことも楽しいですが、上京してなかなか会えなくなってしまった家族との時間はかけがえのないものだとあらためて思います。（KS）

＼ クロスワード正解者のなかから抽選で以下の賞品をプレゼント!! ／

A賞 リビガク 集中できる勉強ブース 手元が暗くなりにくい **3名様**

気が散る原因をシャットアウト、集中力アップ、サッとすぐに勉強スタート！
リビングやダイニングを、いつでも自分だけの勉強ブースにすることができます。
ノートやプリント、筆記用具の収納もできます。

B賞 脳ブロック（ヘキサモンド） **8名様**

ピースをケースにぴったりはめるパズル。入れ方は4,968通りもあるのに、なかなか正解にたどり着けない……!?　脳の普段使っていない部分を思いっきりストレッチできます！
・中級者～上級者向き
・説明書入り

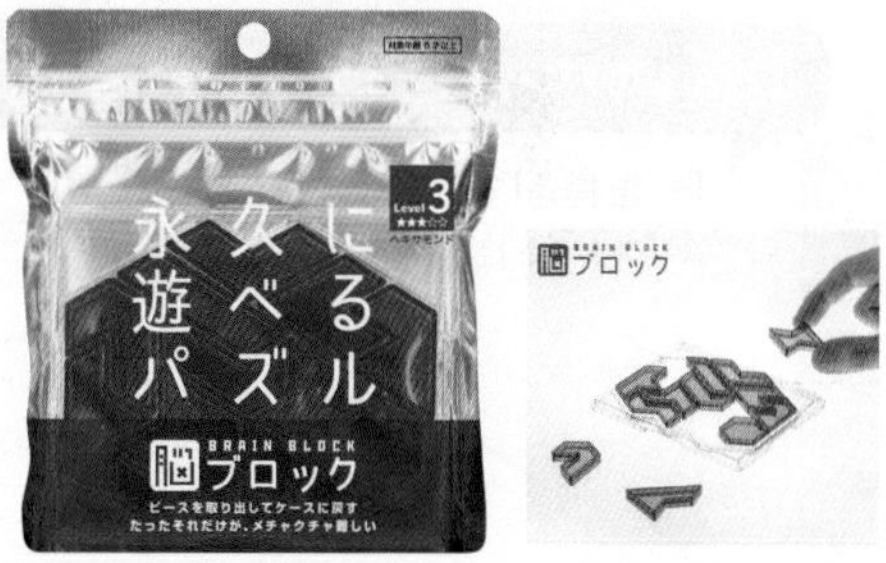

※画像はイメージです。

プレゼントの応募方法

●FAX送信用紙で
裏面にあるFAX送信用紙に必要事項をご記入のうえ、下記FAX番号にお送りください。
FAX.03-5992-5855

●二次元コードリーダーで
スマートフォンなどで右の画像を読み取り、専用の入力フォームからお送りください。

●ハガキ・封書で
クイズの答えと希望賞品、住所、電話番号、氏名、学年、お通いの塾・校舎をご記入いただき、下記宛先までお送りください。右ページのアイデアや『サクセス12』への感想もお待ちしています。
宛先／〒171-0022 東京都豊島区南池袋1-16-15 ダイヤゲート池袋9F
早稲田アカデミー本社コミュニケーションデザイン部　『サクセス12』編集室

【個人情報利用目的】ご記入いただいた個人情報は、プレゼントの発送およびアンケート調査の結果集計に利用させていただきます。

【応募〆切】2022年11月24日（木）（郵送の場合は同日消印有効）
当選者の発表は、プレゼントの発送をもってかえさせていただきます。

サクセス12　11・12月号　vol.99

編集長
喜多　利文

編集スタッフ
細谷　朋子
田中　紀行
園田　美帆
島田　果歩

企画・編集・制作
株式会社 早稲田アカデミー
『サクセス12』編集室（早稲田アカデミー内）
〒171-0022 東京都豊島区南池袋1-16-15

FAX送信用紙 **FAX.03-5992-5855** FAX番号をお間違えのないようお確かめください

クイズの答え	希望賞品（いずれかを選んで○をしてください）
□□□□	A賞 ・ B賞

氏名（保護者様）	氏名（お子様）	学年

現在、塾に	通っている場合
通っている ・ 通っていない	塾名 （校舎名　　　　　）

住所（〒　　-　　　）	電話番号 （　　　　）

面白かった記事には○を、つまらなかった記事には×をそれぞれ3つずつ（　）内にご記入ください。

(　) 04 集中豪雨から渋谷を守る、「渋谷駅東口雨水貯留施設」
(　) 08 Premium School 慶應義塾中等部
(　) 14 世の中のなぜ？を考える 社会のミカタ
(　) 16 世の中まるごと見てみよう！
(　) 18 お仕事見聞録 株式会社日比谷花壇 鈴木 香菜さん
(　) 22 6年後夢をかなえる中学校「夢中」大宮開成中学・高等学校
(　) 24 Close up!! 専修大学松戸中学校
(　) 28 のぞいてみよう となりの学校 昭和女子大学附属昭和中学校
(　) 32 公立中高一貫校リポート 東京都立富士高等学校附属中学校
(　) 36 全員集合 部活に注目！ 晃華学園中学校「バトントワリング部」
(　) 42 ようこそ サクセス12図書館へ
(　) 44 子どもを伸ばす子育てのヒント㉛ 打たれ強い子・弱い子、どこが違うの？
(　) 48 親の悩み 子どもの本音
(　) 50 シリーズ ドラえもんでわかる 子どもの強さを育む方法⑥
(　) 52 子育ての参考書 『本番に強い子になる自律神経の整え方』
(　) 54 親子でココロとカラダに効く呼吸法「オジギソウのポーズ」で脳を活性化させよう！
(　) 55 子どもたちは今 保健室より
(　) 56 ココロのインタビュー 山西惇［俳優］
(　) 71 森上展安の中学受験WATCHING
(　) 78 疑問がスッキリ！ 教えて中学受験
(　) 82 学ナビ！！ 獨協埼玉中学校
(　) 83 学ナビ！！ 田園調布学園中等部
(　) 88 NEWS2022「国葬」
(　) 92 熟語パズル
(　) 98 親子でやってみよう 科学マジック
(　) 106 私立中学の入試問題にチャレンジ
(　) 113 早稲田アカデミー個別進学館
(　) 114 福田貴一先生の福が来るアドバイス
(　) 116 知ればますますおいしくなる！お米大研究
(　) 118 海外生・帰国生に関する教育情報
(　) 120 サクセス動物園 トナカイ
(　) 123 ノーベル賞のおはなし
(　) 124 “勉強”のススメ―だから学びは面白い！
(　) 126 個性あつまれ！ みんなのパレット
(　) 127 クイズ・プレゼント

※封書での郵送時にもご使用ください。

「みんなのパレット」アイデア・作品大募集!!

「一筆描き」でイラストを描こう！
※「スタート」「ゴール」も記入してください

ペンネーム（　　　　　）

サクセス12の感想

※作品がなくても、クイズの答えがあればプレゼントには応募できます。

中学受験 サクセス12 11・12月号2022
発行／2022年10月31日 初版第一刷発行
発行所／(株)グローバル教育出版 〒101-0047 東京都千代田区内神田2-4-2 一広グローバルビル3F
編集／サクセス編集室 電話03-5939-7928

【個人情報利用目的】ご記入いただいた個人情報は、プレゼントの発送およびアンケート調査の結果集計に利用させていただきます。